L'AMOUR DANS LA VÉRITÉ

Benoît XVI

L'AMOUR DANS LA VÉRITÉ

Lettre encyclique sur le développement humain intégral dans la charité et dans la vérité

Présentation et commentaire du Collège des Bernardins, sous la direction de Mgr Jérôme Beau

Collège des Bernardins

Lethielleux/Parole et Silence

Dans la même collection
Collège des Bernardins/École Cathédrale

Jean-Paul II, *Au début du nouveau millénaire*

Jean-Paul II, *Foi et raison*, lectures de l'encyclique
Cahiers de l'École Cathédrale n° 31

Joseph Ratzinger, *La Fille de Sion. Méditations sur Marie.*
Cahiers de l'École Cathédrale n° 55

Benoît XVI, *Chercher Dieu. Discours au monde de la culture.*
Cahier de l'École Cathédrale (hors série)

Benoît XVI, *Dieu est amour. Encyclique de l'amour chrétien. Présentation d'Antoine Guggenheim.*

Édition commentée pour la France, la Belgique et la Suisse

ISBN 978-2-283-61070-1

Sommaire

INTRODUCTION

L'amour dans la vérité

MGR JÉRÔME BEAU
Évêque auxiliaire de Paris,
Directeur du Collège des Bernardins

En ouvrant cette lettre encyclique sur la Doctrine sociale de l'Église, Benoît XVI met l'homme comme source et sommet de sa réflexion sur le développement. Celui-ci ne pourra jamais se résumer aux questions économiques mais devra rejoindre celui de l'homme en son intégralité. L'humanité puise dans son désir d'aimer sa force et son engagement dans la vie de la société. C'est par sa capacité d'aimer que se construisent ses relations familiales et d'amitiés. Le développement intégral de la personne humaine doit donc prendre en compte cette réalité de l'homme qui, pour être au service de la liberté, doit s'allier à la vérité. L'amour sans la vérité peut laisser l'homme s'égarer au gré des émotions et opinions contingentes.

Ce qui est vrai des relations familiales ou interpersonnelles l'est aussi des relations entre les États ou les membres d'une même société. Elles devraient s'inscrire dans un esprit de justice mais doivent aussi en dépasser les limites pour vouloir le bien commun, « le bien du nous tous, constitué d'individus, de familles et de groupes intermédiaires qui forment cette communauté sociale » (7). Par elle, l'homme contribue à l'édification de cette Cité de Dieu universelle vers laquelle avance l'histoire de la famille humaine.

Le développement véritable ne trouve son sens qu'en étant au service d'une humanisation plus grande qui n'est possible que par un amour véritable et gratuit, éclairée par la conscience et vécue dans une réciprocité des consciences et des libertés.

Mettre l'homme au cœur de la réflexion sur le développement, c'est affirmer que la question du sous-développement n'est pas seulement matérielle. Elle concerne les relations des hommes entre eux et notamment leur volonté de se mettre au service de l'autre d'une manière désintéressée.

Cette Cité de Dieu, Jérusalem céleste, dont parle le Saint-Père, nous provoque à réfléchir la manière dont nous aimons notre prochain et dont les États, entre eux, gèrent leurs relations. Vivons-nous pour nous-même aux dépens de l'autre ou aimons-nous l'autre même si cela est aux dépens de nous-même ou de notre niveau de vie ? Devant les situations concrètes que traversent nos sociétés et compte tenu du déséquilibre Nord-Sud, l'enjeu de cette question est celle d'une authentique fraternité dont le fruit sera une paix véritable. Si la mondialisation nous rend proche de tout homme, la fraternisation exige une solidarité et une gratuité de relation bien au-delà de la justice.

Dans cette perspective, la notion de progrès lié au développement n'est pas à situer dans la perspective « d'un avoir plus » mais d'une vocation qui ouvre à un « être plus ». Dans le dessein de Dieu, la vie de tout homme est une vocation. Celle-ci s'origine en l'appel transcendant de Dieu le Père qui nous a aimés le premier et qui réclame de nous une réponse libre et responsable. Elle libère l'homme de l'asservissement d'un vouloir jamais assouvi d'avoir toujours plus et transforme son désir en une autonomie véritable et libératrice. L'homme qui comprend sa vie à la lumière de cet appel y répond dans l'amour et la vérité et engendre une authentique fraternité. Il ne suffit pas que la mondialisation rapproche les hommes entre eux, il faut encore construire cette fraternité qui est l'urgence de notre temps et doit faire évoluer les processus économiques et sociaux actuels vers des formes pleinement humaines. Comprendre le progrès comme une vocation à « être plus » et non à « avoir d'avantage » en est le chemin.

La question posée à Caïn dans le livre de la Genèse : « *Qu'as-tu fait de ton frère ?* », est aussi celle du Bon Samaritain dans l'évangile de saint Luc. Elle nous appelle à mettre, par amour, l'autre – mon frère – au cœur de notre vie. « Qu'arrivera-t-il à mon frère, si je ne fais rien ? » Cette question nous met devant la perspective de cette « civilisation de l'amour » dont Dieu a semé le germe dans chaque peuple et dans chaque culture. L'*explosion de l'interdépendance planétaire*, appelée mondialisation, nous met devant l'urgence de la fraternisation et de la définition du progrès. Le nombre de personnes qui meurent chaque jour de la faim exige que soit considéré « l'alimentation et l'accès à l'eau comme droits universels de tous les êtres humains, sans distinction ni discrimination ». Le respect de la vie va de pair avec le développement intégral de la personne humaine. Il est au service du bien de l'homme.

Ces dernières années les interactions entre les cultures ont ouvert de nouvelles perspectives. Cependant, nous pouvons noter que parfois le dialogue n'a pas lieu et qu'elles sont simplement mises côte à côte engendrant une sorte de relativisme; parfois, leurs rencontres peuvent aussi entraîner un nivellement culturel ou une uniformisation des comportements et des niveaux de vie. Le dialogue entre les cultures, pour se réaliser dans la vérité, doit avoir pour point de départ la conscience profonde des différents interlocuteurs. La culture est au service de l'enfantement de l'homme à sa condition véritable: elle ne peut jamais être un simple comportement commun dissocié de la vocation que l'homme porte en lui.

Alors même que la richesse mondiale augmente en terme absolu, les inégalités augmentent! Le scandale de ces disparités est criant. Il y a urgence à reconnaître en l'autre mon frère; il y a urgence à manifester au monde la dignité de toute personne humaine créée à l'image et à la ressemblance de Dieu le Père. La question de la charité est donc centrale. Elle est liée à la gratuité de nos relations et à notre capacité à nous donner.

L'homme ne se réalise pleinement qu'en se donnant. « Il est fait pour le don; c'est le don qui exprime et réalise sa mission de transcendance » (34). L'homme se donne car il sait « qu'il est donné à lui-même » (58). Cette question du don est au cœur de celle du développement. Soit l'homme se construit lui-même en faisant « coïncider le bonheur et le salut avec des formes immanentes de bien-être matériel ou d'action sociale » (34) ; soit il reconnaît qu'il ne devient pleinement lui-même qu'en acceptant de recevoir pour lui le don gratuit de la vie, de la charité et de l'espérance. Devenir soi-même par sa propre force ou en se recevant d'un autre par amour et dans la gratuité : telle est la question fondamentale qui va orienter le comportement des hommes y compris dans les relations d'échanges commerciaux et de fraternisation. En effet, si le « développement économique, social et politique veut être authentiquement humain, il doit prendre en considération le principe de gratuité comme expression de la fraternité » (34) Ce principe de gratuité doit trouver sa place à l'intérieur de l'activité économique normale.

Le pape Benoît XVI souligne que devant la mondialisation, certains se montrent un peu fatalistes. En soi, elle n'est ni bonne ni mauvaise. La vérité de ce qu'elle est « comme processus et sa nature éthique fondamentale dérivent de l'unité de la famille humaine et de son développement dans le bien » (42). Elle sera ce que nous en ferons. Elle pourra être un bien si nous osons en corriger les dysfonctionnements. Ceci est indispensable. Les projets égoïstes, les protectionnismes ou les intérêts particuliers ne doivent pas freiner la communion et le partage entre les hommes.

Cette solidarité entre tous les hommes, que prône le Saint-Père, ne pourra se réaliser que si les droits de chacun se conjuguent avec des devoirs réciproques. Sans les devoirs, les droits deviendront arbitraires.

Les relations entre les États, mais aussi celles liées à l'épargne, sont parfois qualifiées d'éthique. Éthique et solidarité se répondent actuellement dans les discours de notre époque jusqu'à pouvoir désigner des décisions contraires à la justice et au véritable bien de l'homme. Il nous faut alors réaffirmer que dans les interventions en faveur du développement, c'est le principe de la centralité de la personne humaine qui doit être préservé. En effet, toute la Doctrine sociale de l'Église se fonde sur la création de l'homme « à l'image de Dieu » « d'où découle la dignité inviolable de la personne humaine, de même que la valeur transcendante des normes morales naturelles » (45).

L'environnement naturel de l'homme, la nature, la création tout entière n'appartiennent pas à l'homme. Elles sont un don de Dieu, confié à l'homme pour qu'il en soit le gérant fidèle, n'en gardant pas les fruits pour lui, mais les cultivant avec amour pour les générations à venir. Aujourd'hui, l'homme a pris conscience de sa responsabilité dans la création mais il oscille entre la considérer comme une réalité intouchable ou en abuser. Quand Dieu créa le ciel et la terre, nous dit le livre de la *Genèse*, Dieu vit que cela était bon. « La création est l'expression d'un dessein d'amour et de vérité » (48). Elle a donc une vocation propre qui n'est pas plus importante que celle de la personne humaine mais qui va de pair. Cette exigence du service des générations à venir et cette affirmation que l'homme n'est pas propriétaire de la création demandent que « la communauté internationale trouve des voies institutionnelles pour réglementer l'exploitation des ressources non renouvelables, en accord avec les pays pauvres, afin de planifier ensemble l'avenir » (49). Il est capital, qu'aujourd'hui se réalise une alliance entre l'être humain et l'environnement qui soit le reflet de l'amour créateur de Dieu, de qui nous venons et vers qui nous allons » (50).

Cependant, le Saint-Père va plus loin et invite à de nouveaux styles de vie. « La façon dont l'homme traite l'environnement influence les modalités avec lesquelles il se traite lui-même et réciproquement » (51). Le respect de la nature ne peut se résumer à des décisions économiques, il concerne l'ensemble du respect aussi de la personne humaine : le droit à la vie et à la mort naturelle. Si la « gestation et la naissance de l'homme sont rendues artificielles, si des embryons humains sont sacrifiés pour la recherche, [...] exiger des nouvelles générations le respect du milieu naturel devient une contradiction. [...] Le livre de la nature est unique et indivisible, qu'il s'agisse de l'environnement comme de la vie, de la sexualité, du mariage, de la famille, des relations sociales, en un mot du développement humain intégral. Les devoirs que nous avons vis-à-vis de l'environnement sont liés aux devoirs que nous avons envers la personne considérée en elle-même et dans sa relation avec les autres » (51).

« Homme et femme, il les créa ». L'homme est un être de relation et sa plus grande pauvreté réside bien souvent dans la solitude de ne pas être aimé ou de ne pas savoir aimer. Reconnaître que nous formons une même famille humaine est à la source du développement.

La question du développement pose, à notre époque, celle du principe apte à gouverner la mondialisation et à l'orienter vers un véritable développement humain. Après avoir affirmé que tout développement doit être ordonné à l'homme comme à son centre et à son sommet, Benoît XVI demande que la gouvernance de la mondialisation soit de « nature subsidiaire, articulée à de multiples niveaux et sur divers plans qui collaborent entre eux » (57). Il promeut une subsidiarité fiscale et un meilleur accès à l'éducation. La plus grande ressource à mettre en valeur dans les pays est la ressource humaine. Cette question nécessite que soit abordée les questions des migrations, de la pauvreté, du chômage et la création « d'une coalition mondiale en faveur d'un travail digne » (63), ainsi que de la finance, de l'épargnant, du consommateur, du tourisme,... Face à l'ensemble de ces questions, le Pape appelle à l'urgence d'une Autorité politique mondiale [...] ordonnée à la réalisation du bien commun, engagé pour la promotion d'un authentique développement humain intégral qui s'inspire des valeurs de l'amour et de la vérité. La question du développement doit donc dépasser une vision matérialiste des événements humains (77) et entrevoir dans le développement un au-delà que la technique ne peut offrir.

Dans son encyclique, Benoît XVI resitue l'homme dans sa contribution à l'édification de cette Cité de Dieu universelle vers laquelle avance l'histoire de la famille humaine. Nous pouvons penser qu'il fait référence à saint Augustin : « Deux amours ont construit deux cités. L'un est saint, l'autre impur. L'un tourné vers les autres, l'autre centré sur soi. L'un est soucieux du bien de tous en vue de la cité céleste, l'autre va jusqu'à subordonner le bien commun à son propre pouvoir en vue d'une domination arrogante. L'un est ami de Dieu, l'autre rival de Dieu... En quelque sorte mêlées dans le temps, ces deux cités traversent les siècles, jusqu'à ce qu'elles soient séparées au Jugement dernier » (Commentaire sur la Genèse XI). Ce que l'homme vit à l'échelle de ses relations interpersonnelles, il doit aussi le réaliser à l'échelle des échanges internationaux en se mettant au service du bien commun. Cela nécessite de situer l'homme à sa juste place dans la création comme de lier la défense de la nature et celle de l'homme dans une culture de vie. Contribuer à l'édification de la Cité de Dieu, demande aux hommes de s'engager dans l'ensemble des relations qui tissent notre monde et, devant la nouveauté de celles-ci, d'inventer des chemins nouveaux. La mondialisation n'est ni bonne ni mauvaise en soi mais elle nous ouvrira à une véritable fraternisation si nous savons mettre en place les structures de régulation nécessaires. Aujourd'hui, il y a une urgence à éradiquer le drame de la faim et à se mettre au service du bien de tous. Il n'y aura de véritable développement que si l'homme en son intégralité en est le centre et la finalité.

Au long de ce livre, le lecteur va être introduit à la lecture de cette encyclique et à la Doctrine sociale de l'Église par deux spécialistes du Collège des Bernardins : le père Frédéric LOUZEAU, Président de la Faculté Notre Dame, et le père Baudouin ROGER, responsable de notre département de recherche « Économie, Homme, Société ». À l'issue de ces présentations, le texte de *Caritas in veritate* vous permettra d'entrer en dialogue avec des hommes et des femmes engagés dans la vie de notre société qui, à la demande du Collège des Bernardins, vous feront part de leurs réactions.

PRÉSENTATIONS

Guide de lecture

FRÉDÉRIC LOUZEAU
Président de la Faculté Notre-Dame
(Collège des Bernardins)

Depuis le XXe siècle, les Souverains pontifes ont régulièrement commémoré le geste prophétique de Léon XIII signant le 16 mai 1891 une première encyclique sociale, *Rerum Novarum*, sur la condition des ouvriers. Au-delà d'un simple anniversaire, ils profitèrent de l'occasion pour proposer aux chrétiens et aux "hommes de bonne volonté", une actualisation nouvelle de l'enseignement social de l'Église en réponse aux défis de leur temps[1]. Sur le siège de Pierre depuis le mois d'avril 2005, le pape Benoît XVI s'inscrit dans la même tradition d'un magistère social, par une lettre encyclique, datée du 29 juin 2009, consacrée au « développement humain intégral dans la charité et dans la vérité » – le concept de "développement" ayant acquis depuis Paul VI une telle extension qu'il en vient finalement à désigner la question sociale tout entière. Aussi, loin de se réduire à un problème particulier, *Caritas in veritate* reprend et embrasse en réalité le cœur du message social chrétien dans les circonstances présentes.

---

1. Voir Baudoin Roger, « Perspectives historiques », p. 39.

Par ailleurs, reprenant une intuition de son prédécesseur (*Sollicitudo rei socialis*, 1987), Benoît XVI se rattache, non au texte de Léon XIII, mais à la grande encyclique de Paul VI sur le développement de 1967 (*Populorum progressio*), dont il ne craint pas d'affirmer, sans cacher son admiration, qu'elle mérite d'être considérée comme l'encyclique « *Rerum novarum* de l'époque contemporaine », susceptible d'éclairer le chemin de l'humanité en voie d'unification globale (mondialisation) et aux prises avec une grave crise financière et économique depuis 2007 (8).

L'amour dans la vérité

Dans une longue et capitale introduction (1-9), le pape Benoît XVI s'explique sur le titre qui pourra surprendre pour une encyclique sociale : *Caritas in veritate*. À ses yeux, l'amour dans la vérité, qui trouve son origine en Dieu et dont le Christ a été le témoin par excellence, constitue la force essentielle d'un développement intégral des personnes et de l'humanité (1). La perspective est donc d'emblée théologique sans pour autant cesser d'être rationnelle. Si elle est la voie maîtresse de la Doctrine sociale de l'Église, la charité doit toujours être saisie, examinée et mise en pratique à l'aune de la vérité (2). En effet, celle-ci resplendit comme une lumière, celle de la raison et de la foi, qui non seulement prodigue sens et valeur à l'amour et le libère des limites de l'émotionnel et du fidéisme (3), mais encore ouvre et unit les intelligences dans le *lógos* de l'amour, sans quoi Dieu serait relégué à un rôle marginal dans l'édification de la société (4). Autrement dit, puisque la charité est pour les hommes un amour reçu d'en haut et donné à vivre ici-bas, la Doctrine sociale de l'Église tout entière peut être comprise comme « *caritas in veritate in re sociali* »: annonce de la vérité de l'amour du Christ dans la société et pour elle (5). Si pareil principe acquiert une portée opératoire dans des critères d'orientation de l'action morale, deux d'entre eux méritent d'être rappelés ici: la justice d'abord, première voie de la charité, et qui trouve son achèvement en elle par la logique du don et du pardon (6); le bien commun ensuite, dont la recherche caractérise par excellence la voie institutionnelle de la charité, et qui possède dès lors une valeur supérieure à l'engagement purement séculier et politique (7). En définitive, le pape affirme que, dans le contexte actuel de la mondialisation et les risques d'une absence d'interaction éthique correspondante entre les consciences, seule la charité, illuminée par la raison et la foi, fondera un développement humain intégral et authentique (9).

Relire fidèlement Populorum progressio

Comme il est de coutume en pareille occasion, le premier chapitre (10-20) ressaisit le message de l'encyclique commémorée, à savoir *Populorum progressio*. Ce document du pape Paul VI n'est pas sans racines. Pour lui être fidèle, il est d'abord nécessaire de l'interpréter à la lumière de la tradition apostolique (10), sans le détacher du concile Vatican II dont s'est inspiré Paul VI pour rappeler deux grandes vérités – 1. toute l'Église tend à promouvoir le développement intégral de l'homme quand elle annonce, célèbre et œuvre dans la charité; 2. le développement authentique concerne la totalité de la personne dans chacune de ses dimensions

(11) – sans le détacher non plus du magistère social des papes qui l'ont précédé, puisque la Doctrine sociale de l'Église éclaire d'une lumière qui ne change pas – l'anthropologie de l'Homme nouveau – les problèmes toujours nouveaux qui surgissent (12). En réalité, le message de *Populorum progressio* est également lié au magistère social du pape Paul VI lui-même (13) – spécialement sa lettre apostolique *Octogesima adveniens* de 1971, où il avait déjà mis en garde l'humanité contre l'idéologie technocratique tout en reconnaissant la portée de la techniquc (14)[2] – et même à son magistère tout court – *Humanae vitae* (1968) et *Evangelii nutiandi* (1975) importent beaucoup pour discerner le sens pleinement humain du développement proposé par l'Église[3] (15).

De *Populorum progressio*, le pape Benoît XVI retient avant tout que le progrès, dans son apparition historique comme dans son essence, est une *vocation* au sens plein (c'est-à-dire transcendant) du terme (16). Dès lors, le développement humain intégral suppose la *liberté* responsable de la personne et des peuples (17), le respect de la *vérité* – ce qui engage à promouvoir tout homme et tout l'homme jusqu'aux dimensions du Christ (18) –, et en définitive la centralité de la *charité* – la société toujours plus globalisée rapproche mais ne rend pas frères ! (19). Aussi, l'urgence des réformes que notait *Populorum progressio* et qui demeure actuelle, ne résulte-t-elle pas seulement des événements

2. Benoît XVI reviendra sur la place de la technique dans le chapitre VI.

3. Cf. par exemple l'ouverture à la vie (n° 28, 44).

mais plus profondément d'une *vocation* inscrite au cœur de tout homme, la réalisation d'une fraternité authentique (20).

Panorama de la situation actuelle

Cependant, avant d'être examiné, l'état actuel du développement doit être présenté sérieusement, ce à quoi est consacré le deuxième chapitre (21-33). En réalité, le développement, spécialement économique, que le pape Paul VI attendait de ses vœux en 1967, a été et continue d'être ralenti par des déséquilibres et des problèmes dramatiques, mis davantage en relief par la crise actuelle. Loin de devoir paralyser l'humanité, la *crise* devrait être une occasion de *discernement* et mettre les acteurs en capacité d'élaborer de nouveaux projets (21). En fait, la situation frappe par sa complexité : en effet, le cadre du développement est devenu multipolaire, si bien que les responsables et les causes du sous-développement sont multiples (22) ; en outre, le progrès doit faire l'objet d'une réflexion globale, au-delà des seuls aspects économique et technologique, comme l'avait réclamé Jean-Paul II dans *Sollicitudo rei socialis* (1987) et *Centesimus annus* (1991) (23).

Ainsi, sur le plan *politique*, le contexte commercial et financier international a modifié durablement le pouvoir des États (24). Sur le plan *social*, les dernières années ont vu l'affaiblissement de l'État-providence, la difficulté des organisations syndicales à remplir leur rôle, la transformation du monde du travail et ses conséquences psychologiques (25). Face aux nouvelles perspectives du dialogue entre les *cultures*, la marchandisation des échanges culturels a favorisé un double danger : l'éclectisme et le nivellement culturels (avec une standardisation des styles de vie) (26). Une extrême insécurité *alimentaire* règne encore dans de nombreux pays, alors que l'alimentation et l'accès à l'eau doivent être considérés comme des droits universels (27). Par ailleurs, il est à déplorer que certaines politiques gouvernementales et aides au développement s'accompagnent de mesures contre la *vie* (contraception, avortement, stérilisation, contrôle contraignant des naissances), alors que l'ouverture à la vie se trouve en réalité au centre d'un développement authentique (28). Enfin, la négation du droit à la *liberté religieuse* (fanatisme religieux, promotion de l'indifférence religieuse ou de l'athéisme pratique) continue à freiner le développement véritable, dont Dieu est le garant en fondant la dignité transcendante de la personne et son désir d'"être plus" (29).

Dès lors, pour trouver des solutions aux divers problèmes du développement, la charité doit animer harmonieusement les conclusions des sciences aussi bien que les savoirs humains, à eux seuls insuffisants (30). Or, pour peu que l'usage de la raison s'élargisse, la doctrine sociale de l'Église peut remplir cette fonction, en permettant à la foi, à la théologie, à la métaphysique et aux sciences de trouver leur place en collaborant au service de l'humanité (31). Si bien que les solutions neuves aux problèmes du moment sont à rechercher dans le respect convergent des exigences propres de chaque domaine (l'économie, l'environnement, la coopération, la technique par exemple) et d'une anthropologie intégrale (32). Face à la problématique du progrès qui demeure en suspens depuis *Populorum progressio* et la nouveauté majeure de la mondialisation, l'amour dans la vérité invite donc l'humanité à dilater sa raison et à la rendre capable d'orienter ces nouvelles dynamiques d'ampleur inédite (33). Quatre champs d'investigation sont explorés.

Principe de gratuité et logique du don dans l'économie de marché

L'appréhension nouvelle et élargie du développement touche d'abord à la question de l'*économie* et de ses fins. Tel est l'objet principal du troisième chapitre (34-42), le plus dense et probablement le plus neuf de toute l'encyclique. Alors que le *don* exprime la dimension transcendante de l'être humain, la prétention de l'homme moderne à être l'auteur de sa vie et de la société, qui dérive du péché originel, a eu des effets néfastes dans le domaine de l'économie, en conduisant à des systèmes liberticides. En retranchant de l'histoire *l'espérance chrétienne*, l'humanité s'est en définitive privée d'une puissante ressource sociale (34).

En réalité, il faut d'abord affirmer que la *logique du don* n'exclut pas la *justice*. En effet, la doctrine sociale de l'Église n'a cessé de mettre en évidence l'importance de la justice distributive et de la justice sociale pour l'économie de marché elle-même, qui ne peut remplir sa fonction sans formes internes de solidarité et de confiance (35). Plus encore, le développement économique, pour être humain, doit également prendre en considération le *principe de gratuité*, car l'activité économique ne peut résoudre les difficultés sociales par la simple extension de la logique marchande et doit viser le bien commun (36). En définitive, il faut soutenir que l'économie mondialisée a besoin non seulement de la logique politique, pour que la justice puisse se rapporter à toutes les phases de l'activité (découverte des ressources, financements, production, consommation), mais également de la logique du don et de la gratuité, comme expression de la fraternité (37).

Jean-Paul II avait déjà discerné cette problématique en relevant la nécessité d'un système économique intégrant *trois* sujets distincts et complémentaires : le *marché*, l'*État*, et la *société civile* – cette dernière représentant à ses yeux le cadre le plus approprié à une économie de la gratuité. Il faut donc concevoir un marché « sur lequel des entreprises qui poursuivent des buts institutionnels différents puissent agir librement, dans des conditions équitables » (38). Paul VI, quant à lui, avait réclamé un modèle d'économie de marché capable d'intégrer *tous* les peuples, même les plus pauvres. Or, ajouter au marché la logique régulatrice et redistributrice de l'État n'y suffit pas ! L'ouverture progressive à des formes économiques nouvelles, basées sur la logique du don et de la gratuité, est nécessaire ; « Le binôme exclusif marché-État corrode la socialité, alors que les formes économiques solidaires, qui trouvent leur terrain le meilleur dans la société civile sans se limiter à elle, créent de la socialité » (39).

Par ailleurs, la crise actuelle appelle à un profond changement de regard sur l'*entreprise* elle-même. La gestion de l'entreprise ne peut pas seulement intégrer les intérêts des propriétaires ou actionnaires, mais aussi ceux de tous les autres sujets qui contribuent à son activité. Dans cette perspective, « il faut éviter que le motif de *l'emploi des ressources financières* soit spéculatif et cède à la tentation de rechercher seulement un profit à court terme, sans rechercher aussi la continuité de l'entreprise à long terme, son service précis à l'économie réelle et son attention à la promotion, de façon juste et convenable, d'initiatives économiques y compris dans les pays qui ont besoin de développement » (40). De plus, l'entreprenariat, parce qu'il a d'abord une valeur humaine, doit prendre une signification davantage *plurivalente*, dépassant l'opposition entre entreprise privée et institution publique[4]. De même, l'autorité politique doit, elle aussi, posséder une dimension plurivalente, en agissant sur plusieurs plans selon les besoins (41).

Enfin, pour parer aux attitudes fatalistes devant la *mondialisation* économique et parce que cette dernière ouvre des perspectives inédites de redistribution planétaire des richesses, il est important de rappeler qu'il est possible et même nécessaire d'orienter ce processus d'unification globale, en terme de relation, de communion et de partage (42).

4. Cf. également n° 46.

Droits et devoirs de l'homme, rapport à l'environnement

L'intelligence renouvelée et élargie du développement des peuples s'étend ensuite, dans un quatrième chapitre (43-52), à la nécessaire corrélation des droits et des devoirs au niveau planétaire.

En effet, les *droits* supposent des *devoirs* correspondants, sans lesquels ils deviennent arbitraires, comme le prouve la contradiction entre l'exigence d'une reconnaissance indéfinie de droits nouveaux dans les sociétés riches et la privation des droits les plus élémentaires dans une large portion de l'humanité. « Avoir en commun des devoirs réciproques mobilise beaucoup plus que la seule revendication des droits » (43). Ainsi, face à la *croissance démographique*, il faut affirmer de nouveau que *l'ouverture responsable à la vie*, dont la compétence appartient de manière primordiale à la famille, constitue une richesse sociale et économique (44). En outre, pour parvenir à un fonctionnement harmonieux, l'économie a elle-même besoin d'une véritable *éthique*, fondée sur la dignité de la personne humaine et sur la valeur transcendante des normes morales naturelles (45). Ainsi a-t-on vu émerger, dans les deux dernières décennies, une ample sphère *intermédiaire* entre les entreprises à but lucratif et les institutions à caractère non lucratif, qui participe à la création d'un marché plus civique et plus compétitif (46). Pareille transformation éthique de la vie économique doit s'étendre aux pays pauvres, de telle manière que le principe de la *centralité de la personne humaine* soit respecté, si bien que les solutions, dans l'esprit du principe de subsidiarité, soient adaptées à la vie des peuples et aux personnes concrètes. « De ce point de vue, les Organismes internationaux eux-mêmes devraient s'interroger sur l'efficacité réelle de leurs structures bureaucratiques et administratives, souvent trop coûteuses » (47).

Par ailleurs, dans la perspective du développement, le lieu où la problématique des devoirs s'avère la plus actuelle, est le rapport de l'humanité à son *environnement* naturel. Entre le pillage abusif de ses ressources ou le fait de la considérer comme une réalité intouchable, la vision chrétienne de la nature la regarde comme *l'expression d'un dessein d'amour et de vérité*. Donnée à tous par Dieu, son usage implique une responsabilité à l'égard des pauvres, des générations à venir et de toute l'humanité (48). Devant les nouvelles problématiques *énergétiques*, la communauté internationale a le devoir de réglementer l'exploitation des ressources non renouvelables. L'urgente nécessité morale d'une solidarité renouvelée doit conduire les sociétés avancées à une baisse de la consommation et à une redistribution de l'énergie (49). Pareille responsabilité concerne *toute* la création et engage le grave devoir de laisser aux générations à venir une terre qu'ils puissent habiter et cultiver. Les mesures à prendre en ce sens doivent renforcer *l'alliance entre l'être humain et l'environnement*, reflet de l'amour créateur de Dieu (50). Enfin, il faut remarquer que la manière dont l'homme traite l'environnement influence en réalité les modalités avec lesquelles il se traite lui-même et réciproquement, si bien qu'un changement de mentalité doit conduire à adopter de nouveaux styles de vie, qui allient écologie humaine et écologie environnementale (51).

Pour autant, la vocation au développement ne se fonde pas seulement sur une décision humaine, mais est inscrite dans un *dessein* qui nous précède et qui constitue un *devoir* à accueillir librement (52).

Une seule famille humaine

Outre la transformation éthique de l'économie (III) et la considération des droits et des devoirs (IV), l'avenir du développement intégral dépend d'un troisième élargissement de la raison qu'explore le foisonnant chapitre V (53-67) : la prise de conscience, par tous les acteurs et à tous les échelons, que l'humanité forme une *seule et même famille*. Ce qui implique au préalable que soit approfondie, de manière critique et sur le plan des valeurs, la catégorie de la *relation* (53). Au reste, la perspective de l'inclusion relationnelle des personnes humaines dans une seule famille humaine est éclairée de manière décisive par la relation entre les trois Personnes de la *Trinité*, à la lumière de laquelle on comprend que l'ouverture authentique implique une compénétration profonde (54). En définitive, la révélation chrétienne présuppose une conception proprement *métaphysique* de l'humain où la *relation* est un élément *essentiel*, qui fournit un critère de discernement pour apprécier le rôle des religions et des cultures dans le développement (55). D'ailleurs, celles-ci ne peuvent exercer leur bienfaisance que si *Dieu* lui-même trouve sa place dans la sphère *publique*, à tel point que le développement paye d'un prix très lourd la rupture du dialogue entre la raison et la foi (56). Ce dialogue constitue le cadre le plus adéquat pour encourager la collaboration fraternelle entre *croyants* et *incroyants*, guidée par le principe de *subsidiarité*, particulièrement apte à gouverner la mondialisation et à la diriger vers un véritable développement (57).

De plus, ce principe doit être relié au principe de *solidarité* et inversement. Pareille règle est à prendre en considération lorsqu'il s'agit d'organiser les *aides internationales* au développement (58). Loin de s'arrêter au domaine économique, elles doivent également revêtir la forme d'un authentique *dialogue entre les cultures*, fondé sur la loi naturelle (59), et être finalement considérées comme un véritable instrument de *richesse pour tous*, moyennant une révision par les états développés des politiques intérieures d'assistance et de solidarité sociale et par l'application de la *subsidiarité fiscale* (60). Avant tout, la solidarité internationale se déploie par la promotion d'un *meilleur accès à l'éducation* pour tous, pour autant qu'on s'écarte d'une vision relativiste de la nature humaine. Sous certaines conditions, le *tourisme international* constitue aussi un facteur de développement (61). Le phénomène des *migrations*, caractéristique de notre époque, requiert à son tour une politique de coopération internationale, basée sur le respect des droits fondamentaux de la personne humaine (62).

Par ailleurs, puisque la pauvreté a souvent pour origine une violation de la dignité du *travail* humain,

Benoît XVI reprend à son compte l'appel de Jean-Paul II à une coalition mondiale en faveur du travail *décent* (63) et encourage les *organisations syndicales* à explorer les nouvelles perspectives qui émergent dans le domaine du travail, notamment l'ouverture aux travailleurs des pays émergents (64).

De plus, après le mauvais usage qui en a été fait, la *finance*, en se basant sur son fondement éthique, doit redevenir un instrument destiné à une meilleure production de richesse et par là au développement. Faisant appel à la responsabilité de l'épargnant, les expériences du microcrédit et de la microfinance sont à encourager (65). De même, il est juste que les *consommateurs*, dont les associations jouent aujourd'hui un rôle politique, prennent conscience de leur *responsabilité sociale* (66).

Enfin, les progrès d'une véritable famille humaine en contexte de récession mondiale, exigent de manière urgente une *réforme* de l'Organisation des Nations Unies ainsi que de l'architecture économique et financière internationale. Le pape rappelle ici l'importance du principe de la *responsabilité de protéger* qu'il avait défendu à la tribune de l'ONU en avril 2008 et la nécessité, déjà signalée par Jean XXIII dans *Pacem in terris* (1963), de se doter d'une *autorité politique* de dimension *mondiale* (67).

Technique et anthropologie

Enfin, un sixième et dernier chapitre (68-77) montre comment le développement appelle à une intelligence purifiée de la *technique*. De même que le développement de la personne singulière s'épuise si elle croit en être l'unique source, de même le développement des peuples se dénature si l'humanité prétend se recréer elle-même à partir des "prodiges" de la *technologie* (68). En son fond, la technique, qui est liée à la liberté humaine, répond à la *vocation* du *travail*: par elle, l'homme reconnaît ce qu'il est et accomplit son humanité (69). Dès lors, la clef du développement authentique réside dans une *intelligence* capable de penser la technique et d'en appréhender la signification *humaine*, ainsi que dans une *liberté* répondant à la fascination technologique par des décisions issues de la responsabilité *morale* (70). Sans des hommes droits, tout au souci du bien commun, le développement est impossible, l'absolutisation de la technique se payant par une confusion des fins et des moyens (71).

Par ailleurs, pour que les efforts de *paix* – elle aussi parfois considérée comme une œuvre technique – puissent porter des fruits durables, il est nécessaire qu'ils se fondent sur la *vérité de la vie*, en écoutant les populations concernées et en examinant la situation avec justesse (72). De même, on recherchera le sens et la finalité des *moyens de communication sociale* dans un fondement proprement *anthropologique*, qui les oriente selon une représentation de la personne humaine et du bien commun (73). Dans le domaine crucial de la *bioéthique*, la raison et la foi doivent collaborer pour surmonter l'opposition qui sépare deux types de rationalité, celle de la raison ouverte à la transcendance et celle de la raison close dans l'immanence technologique

(74). Aussi, par le biais des *biotechnologies*, la question sociale est-elle devenue radicalement une question *anthropologique*, au sens où elle implique la manière même de manipuler la vie. La puissance des nouveaux instruments d'une culture de mort dessine des scénarios inquiétants pour l'avenir (75). De même, le problème du développement dépend en réalité de notre conception de l'*âme humaine*, dès lors que la vie intérieure est réduite à la sphère psychologique ou même à la neurologie (76).

C'est pourquoi, le développement véritablement humain réclame des yeux et un cœur nouveaux, capables de s'affranchir d'une conception matérialiste de l'histoire humaine et d'entrevoir en lui-même un "au-delà" que la technique ne peut offrir (77).

La force de l'humanisme chrétien

Au terme de cette longue encyclique sociale, le pape Benoît XVI souligne que la réflexion et l'action nouvelles, requises par un développement humain intégral, ne seront couronnées de succès que si les personnes et les communautés reconnaissent leur vocation *filiale* à être membre de l'unique famille de Dieu. Au rebours de l'humanisme athée, « c'est la conscience de l'Amour indestructible de Dieu qui nous soutient dans l'engagement, rude et exaltant, en faveur de la justice, du développement des peuples avec ses succès et ses échecs, dans la poursuite incessante d'un juste ordonnancement des réalités humaines. [...] Dieu nous donne la force de lutter et de souffrir par amour du bien commun, parce qu'Il est notre Tout, notre plus grande espérance. »

C'est pourquoi le développement a besoin de chrétiens fidèles à leur vocation. Suspendu en réalité à la conversion des cœurs, le développement suppose de leur part « une attention à la vie spirituelle, une sérieuse considération des expériences de confiance en Dieu, de fraternité spirituelle dans le Christ, de remise de soi à la Providence et à la Miséricorde divine, d'amour et de pardon, de renoncement à soi-même, d'accueil du prochain, de justice et de paix ».

Perspectives historiques

Baudoin Roger
Directeur du département de recherche Économie, Homme, Société au Collège des Bernardins

Avec l'encyclique *Caritas in veritate*, le pape Benoît XVI ouvre un nouveau chapitre de la Doctrine sociale de l'Église. Comme l'indique le sous-titre, il traite du *développement humain intégral dans la charité et la vérité*. Ce document s'inscrit dans le prolongement d'une doctrine constituée par ses prédécesseurs, de Léon XIII (*Rerum novarum*, 1891) à Jean-Paul II (*Centesimus annus*, 1991), avec des références particulières à l'encyclique de Paul VI *Populorum progressio* (1967) et à Vatican II, en particulier à la constitution *Gaudium et spes* (1965).

Avant d'entrer dans la lecture de cette nouvelle encyclique, il importe de situer la nature de la Doctrine sociale de l'Église et la manière dont elle s'est développée historiquement. Dans cette introduction, nous retracerons les grandes étapes du développement de cette Doctrine en évoquant certains de leurs enseignements, que Benoît XVI prolonge en les éclairant par la charité. Le lecteur pourra mieux mesurer les apports de *Caritas in veritate* qui ouvre la Doctrine sociale à une nouvelle profondeur. En soulignant son fondement dans la charité, amour *agapè*, Benoît XVI nous invite à découvrir une ressource pour saisir et assumer les enjeux éthiques présents au cœur des réalités sociales qui sont appelées à devenir les lieux d'une véritable fraternité universelle.

La Doctrine sociale de l'Église

La Doctrine sociale de l'Église est le produit d'une réflexion de l'Église sur les réalités sociales du monde, à la lumière de l'Évangile. Elle vise à en dégager les aspects éthiques et à proposer un ensemble de *principes de réflexion*, de *critères de jugement* et aussi de *directives d'action.* La Doctrine sociale de l'Église ne fournit pas un catalogue de solutions. Elle analyse les situations, met en évidence les difficultés et les enjeux éthiques, et suscite la réflexion des hommes pour les aider à élaborer des solutions adaptées aux problèmes de leur temps :

> L'enseignement social de l'Église est né de la rencontre du message évangélique et de ses exigences résumées dans le commandement suprême de l'amour de Dieu et du prochain et dans la justice avec les problèmes émanant de la vie de la société. Il s'est constitué comme une doctrine, en usant des ressources de la sagesse et des sciences humaines, il porte sur l'aspect éthique de cette vie, et prend en compte les aspects techniques des problèmes, mais toujours pour les juger sous l'angle moral[1].

La Doctrine sociale trouve son fondement dans la nature sociale de l'homme : l'homme se développe dans une société qui le façonne, qui produit des

1. Congrégation pour la doctrine de la foi, Instruction *Libertatis conscientia* (1986), § 72.

représentations à partir desquelles il se pense, forme sa conscience morale, juge et agit. Ainsi la forme des institutions sociales, économiques et politiques, la culture, la religion, possèdent une dimension morale, au sens où elles participent aux déterminations morales des hommes.

> Nos existences sont en profonde communion entre elles, elles sont reliées l'une à l'autre au moyen de multiples interactions. Nul ne vit seul. Nul ne pèche seul. Nul n'est sauvé seul. Continuellement la vie des autres entre dans ma vie : en ce que je pense, dis, fais, réalise. Et vice-versa, ma vie entre dans celle des autres : dans le mal comme dans le bien[2].

La Doctrine sociale est une partie de la théologie. Dans le judaïsme, la Torah comporte de nombreuses prescriptions d'ordre social qui manifestent la conscience d'un lien fort entre l'agir moral et la relation à Dieu. Elles s'appuient sur la conscience que Dieu est *le* Juste et que, pour être en relation avec Lui, l'homme doit lui aussi être juste, c'est-à-dire ajusté à Lui. Dans le christianisme, le lien entre la vie dans le monde et la relation à Dieu est encore plus étroit. D'une part le christianisme, la religion du Dieu incarné, établit un lien si direct entre ce monde et le divin que Benoît XVI parle de « rendre la vie sur terre "divine" » (CIV § 79). D'autre part, le chrétien a pour fin la réalisation d'une communion entre les hommes, le Corps du Christ, manifestant que la dimension sociale est au cœur même de la perspective théologique.

2. Benoît XVI, *Spe salvi*, § 48.

Les considérations morales d'ordre social sont fréquentes dans l'Évangile, dans la littérature des premiers Pères de l'Église, et dans la Tradition. Cependant on associe couramment la naissance de la Doctrine sociale de l'Église à la publication de *Rerum novarum* par le pape Léon XIII (1891). Première encyclique dédiée aux questions sociales, elle fut suivie d'un certain nombre de documents publiés par ses successeurs, approfondissant la réflexion en lien avec les situations auxquelles ils étaient confrontés.

La Doctrine sociale : de Léon XIII à Vatican II

Les encycliques politiques de Léon XIII

La situation historique au temps de Léon XIII permet de situer la nature de la Doctrine sociale. Élu pape en 1878, Léon XIII hérite d'une Église bousculée par la perte des États pontificaux (1870). Cet événement est la manifestation concrète pour le pape d'une évolution profonde dont la Révolution Française fut un premier marqueur : l'Église se trouve séparée du pouvoir temporel sur lequel elle n'a plus de prise directe.

Le pape Léon XIII a longuement réfléchi à la question du rapport entre l'Église et les États ; il y a d'ailleurs consacré de nombreux écrits[3]. Tout en restant dans un cadre de pensée basé sur une relation

3. *Inscrutabili Dei consilio* publiée le 21 avril 1878 soit deux mois après son élection – *Quod apostolici muneris*, le 28 décembre 1878, sur les erreurs des modernes – *Diuturnum* (1881) sur l'origine du pouvoir civil – *Immortale Dei* (1885) – *Sapientiae christianae* (1890) sur les principaux devoirs des chrétiens – *Libertas praestantissimum* (1888), une réflexion sur la liberté de l'homme, sur son rapport à la vérité et aux lois naturelle, civile et divine.

hiérarchique entre le religieux et le politique, dérivée de la primauté du spirituel sur le temporel, le pape Léon XIII y développe des intuitions extrêmement profondes et partiellement en tension avec son cadre de pensée. Il reconnaît la place de la liberté dans l'acte de foi et en conséquence reconnaît que l'État doit tolérer des cultes autres que la « vraie religion » (*Immortale Dei*, 1885) ; il reconnaît la liberté de l'homme comme le fondement de sa dignité ; il articule la relation entre la liberté et la vérité que la raison reconnaît (*Libertas praestantissimum*, 1888), sans toutefois accepter la possibilité de l'erreur au nom de la liberté[4] : la vérité garde la primauté sur la liberté[5] ; enfin, il souligne l'autorité propre à la doctrine chrétienne : « Mise en lumière, elle a par elle-même assez de force pour triompher de l'erreur » (*Sapientiae christianae*, 1890, § 22). On trouve dans ces textes les expressions germinales de réflexions fondamentales sur la relation de la liberté à la vérité, et sur la place de l'Église dans le monde et face aux pouvoirs politiques.

N'ayant plus de prise directe sur la société et le pouvoir politique, le pape s'appuie sur le pouvoir de la vérité. Il exerce donc son pouvoir par la parole et par des écrits, pour proposer sa réflexion aux hommes qui l'accueilleront en en reconnaissant la vérité.

---

4. « L'erreur doit être combattue y compris par l'État. Lorsqu'elle peut être tolérée, ce n'est pas en raison de la liberté de l'homme et de sa dignité... » (*Libertas praestantissimum*).

5. « ... cette liberté... n'est pas... désirable par elle-même, puisqu'il répugne à la raison que le faux et le vrai aient les mêmes droits,... » (*Libertas praestantissimum*).

Léon XIII : *Rerum novarum* (1891)

Il le fera en particulier avec *Rerum novarum* (1891), première encyclique consacrée aux questions sociales que l'Europe affronte à cette époque. La révolution industrielle a fait émerger une nouvelle classe sociale qui vit de son travail salarié. La législation sociale embryonnaire, l'interdiction des associations, et un libéralisme théorique qui pense l'économie comme régie par ses lois propres, se traduisent concrètement, pour la nouvelle classe ouvrière, par une situation de misère dont la littérature donne de larges échos. Par ailleurs, les idées socialistes se développent rapidement et mettent en question la propriété privée. Profondément préoccupé par cette situation, Léon XIII rédige *Rerum novarum*, dont la publication aura un retentissement très important.

Il y dénonce les idées “socialistes” et justifie le droit à la propriété privée : affranchissant l'homme de la précarité, le droit de propriété est la condition d'une liberté réelle. Le pape dénonce aussi les excès du libéralisme et légitime l'intervention de l'État. Parmi les points concrets de cette encyclique, outre la question de la propriété, on peut citer le juste salaire, le droit à constituer des associations professionnelles, la nécessité d'adapter les conditions de travail des enfants et des femmes, le repos dominical… Nombre de points qui sont repris par la législation sociale qui se met en place à l'époque. Fondamentalement, son propos vise à réveiller les consciences de ses contemporains et à ouvrir des chemins en vue d'un ordre social qui dépasse l'opposition entre classes, et permette d'établir la société dans la concorde et l'harmonie.

Cette encyclique met en évidence les questions éthiques inhérentes à l'ordre économique et établit la légitimité de l'Église à s'exprimer sur les questions sociales. Elle situe l'Église dans une position critique à la fois envers le socialisme collectiviste et le libéralisme individualiste, position qui restera une constante de toute la Doctrine sociale.

Pie XI : *Quadragesimo anno* (1931)

Quarante ans plus tard, le pape Pie XI publie une seconde encyclique sur ces mêmes questions : *Quadragesimo anno* (1931). Dans un contexte de crise économique mondiale et après une guerre qui a montré l'ambivalence des progrès techniques (mitrailleuse, gaz de combats, sous-marins,...), le pape approfondit les réflexions de Léon XIII. Il analyse les mécanismes de l'économie et les institutions de la société pour mettre en évidence les causes des situations qu'il dénonce parfois avec une vigueur extrême.

Comme Léon XIII, il rejette à la fois le socialisme et le libéralisme. Malgré la distinction qu'il opère entre le communisme et le socialisme, notamment le socialisme réformateur, Pie XI condamne les deux comme contraires à la vérité chrétienne en raison de leur matérialisme et de la primauté qu'ils donnent au social sur l'individu. Si le capitalisme n'est pas mauvais en soi, le libéralisme fait l'objet d'une critique extrêmement sévère, liée notamment au fait que la « science économique individualiste… ignore le caractère social et moral de la vie économique » (QA § 95). Si le droit de propriété est reconnu, il n'est pas un absolu et l'ampleur des inégalités fait douter « qu'une si criante inégalité… répondît aux vues infiniment sages du Créateur » (QA § 5). La concentration du pouvoir économique et son influence sur le politique mettent en question la libre concurrence : « la libre concurrence s'est détruite elle-même ; à la liberté du marché a succédé une dictature économique » (QA § 117). Quant à la finance, son importance est reconnue[6], mais la concentration du pouvoir des actionnaires et financiers est violemment dénoncée, tout comme les effets néfastes de la spéculation sur l'économie. Pie XI appelle une intervention de l'État, tout en donnant un cadre à son action avec le principe de subsidiarité : « Que l'autorité publique abandonne donc aux groupements de rang inférieur le soin des affaires de moindre importance où se disperserait à l'excès son effort » (QA § 88). Il tente de dépasser l'opposition entre capital et travail, et ouvre la voie aux idées que l'on nommera beaucoup plus tard actionnariat salarié, cogestion, participation. Au plan des salaires, il pondère la notion de juste salaire en soulignant que si les salaires ne doivent pas être trop bas, ils ne doivent pas non plus être trop hauts, pour tenir compte des « nécessités de l'économie » et d'un objectif de plein-emploi.

Alors que Léon XIII restait dans une position prudente, prônant la concorde et appelant à la charité pour

6. Elle délivre « le sang de l'organisme économique » (QA § 114)

secourir les plus démunis, Pie XI effectue une critique argumentée des institutions qui appelle à la transformation des structures au nom de la justice : charité *et* justice sont nécessaires.

Les encycliques politiques de Pie XI et les Radiomessages de Pie XII

À la fin de son pontificat, Pie XI revient sur les questions politiques pour s'opposer aux totalitarismes communistes et nazis (*Divini redemptoris* et *Mit brennender sorge*, publiées à quelques jours d'intervalle en mars 1937). Sa réflexion est prolongée par Pie XII, notamment dans les Radiomessages des années 1941 à 1944. Nous évoquerons simplement à ce propos le début d'une évolution de la position de l'Église sur la question des droits de l'homme.

L'Église s'était opposée aux Droits de l'homme affirmés par la Révolution française : ils correspondaient aux droits d'un individu autonome niant toute référence à Dieu, autonomie absolue de l'homme qui porte en elle les germes du totalitarisme. Ne reconnaissant aucune transcendance au-dessus du politique, aucune norme ne limite ses prétentions. Ainsi, dans le communisme comme dans le nazisme, la négation de la transcendance divine conduit à des formes politiques totalitaires où la société exerce une primauté absolue sur les hommes qui la composent.

L'Église ne peut pas limiter les excès du pouvoir politique par référence à sa seule autorité ou à Dieu, puisqu'ils ne sont pas reconnus. Nous allons voir comment elle reconnaît le fondement de cette limitation dans la personne humaine, sa dignité, et corrélativement dans une compréhension juste du bien commun qui est la fin de l'État.

La personne humaine possède une dignité et des droits irréductibles que tout homme peut reconnaître, et que l'Église associe à sa nature créée par Dieu. La personne a la primauté sur la société et sur le politique, et s'impose comme une référence normative à tout régime politique. C'est au nom de ces valeurs qu'on peut fonder la critique des prétentions des États totalitaires.

Pie XII précise en conséquence le contenu du « bien commun » qui est la fin de l'État. L'État n'a pas la charge d'assurer le bien des personnes, mais seulement les « conditions *extérieures* nécessaires à l'ensemble des citoyens pour le développement de leurs qualités, de leurs fonctions, de leur vie matérielle, intellectuelle et religieuse » (*Noël 42*). En circonscrivant le bien commun aux « conditions extérieures », Pie XII préserve la sphère personnelle des empiétements des États. Le cheminement de chacun vers sa perfection est et doit rester le fait de la liberté personnelle de chacun. La personne est mise au centre des institutions, elle en est le but et la fin, affirmation qui deviendra une constante importante de la Doctrine sociale de l'Église.

Conclusion

Dans cette première phase de son développement, la Doctrine sociale apparaît comme une réflexion critique sur les institutions économiques, politiques et sociales. Les papes développent leurs analyses à la lumière de la Révélation, dans le cadre d'un schéma hiérarchique où l'Église occupe le sommet, en vertu de la vérité qu'elle porte. Leur propos s'attache à préciser comment cette lumière éclaire les réalités sociales pour déterminer les principes d'un ordre social juste et conforme à l'Évangile. Il conduit à susciter la réflexion sur l'ordre social, à dégager nombre de critiques et de principes pertinents, et a contribué de manière significative aux évolutions sociales de l'époque.

Cette manière d'articuler les réalités, de haut en bas pourrait-on dire, allait évoluer par la suite. Au concile Vatican II et avec Jean XXIII, puis Paul VI, Jean-Paul II et Benoît XVI, la Doctrine sociale allait devenir beaucoup plus « théologique » au sens où l'on s'attache davantage à mettre en évidence la réalité et les enjeux spirituels qui sont au cœur de la réalité sociale, plutôt qu'à simplement éclairer l'ordre social à la lumière de la Révélation. La Doctrine sociale n'est plus simplement sociale, elle a aussi une dimension intrinsèquement spirituelle.

La Doctrine sociale : de Vatican II à Jean-Paul II

De Jean XXIII à Vatican II : *Mater et magistra* (1961), *Pacem in terris* (1963), *Gaudium et spes* et *Dignitatis humanae* (1965)

Jean XXIII articule sa réflexion en morale sociale autour de la personne et de l'unité entre les dimensions temporelles et spirituelles. Il ouvre l'évolution qui liera la Doctrine sociale à une anthropologie personnaliste et théologique, anthropologie précisée par les Pères du Concile dans la Constitution pastorale *Gaudium et spes.*

Le caractère précurseur des idées de Jean XXIII apparaît dans nombre de domaines. Il parle du « développement intégral » de la personne, et de la nécessaire prise en compte de la dimension spirituelle de l'homme pour fonder un « ordre temporel solide et fécond » (MM § 217), comme il le souligne dans le dernier chapitre de *Mater et Magistra*, intitulé « Renouer les liens de la vie en commun dans la vérité, la justice et l'amour ». Ce développement passe aussi par le travail et l'entreprise qui doivent tendre à devenir des « communautés de personnes ». La société est une « réalité spirituelle » qui trouve son « fondement objectif dans le vrai Dieu transcendant et personnel » (PT § 38). Il affirme les droits de l'homme en lien avec ses devoirs, tout en rappelant que, au-delà des droits et des devoirs, l'ordre de la société repose ultimement sur quatre piliers : la vérité, la justice, l'amour et la liberté. Les hommes sont invités à s'engager concrètement pour satisfaire les « exigences » de la justice et du bien commun, exigences en particulier pour les chrétiens à qui il rappelle que l'engagement dans le domaine socio-économique n'est pas contraire à la perfection chrétienne, mais est un des lieux de sa vérification et de son accomplissement. Il ouvre la réflexion aux horizons du monde : la prise en compte de l'extension mondiale des interdépendances l'amène à parler du « bien commun universel » et d'une autorité mondiale qu'il appelle à développer. Plusieurs de ces éléments trouvent un écho dans *Caritas in veritate* et constituent des germes de la réflexion qui sera menée dans le cadre du Concile.

La constitution pastorale *Gaudium et spes* présente le regard de l'Église sur le monde dans une perspective où les dimensions temporelles et spirituelles sont unifiées. Ce regard éclairé par la Révélation permet de découvrir la profondeur spirituelle en jeu dans les réalités du monde. Dans le cadre de cette introduction, nous évoquerons principalement la première partie de *Gaudium et spes*. Les Pères y explicitent l'anthropologie théologique ébauchée par Jean XXIII en traitant de la personne, de la société et de l'activité humaine.

L'anthropologie des Pères est à la fois personnaliste, soulignant l'importance des relations dans la constitution de la personne, et théologique, au sens où la dimension spirituelle inhérente à l'homme y est pleinement honorée et où la réflexion est largement éclairée par la Révélation. Plus précisément, c'est à la lumière de la Révélation que se découvre la vérité de l'homme : « En réalité, le mystère de l'homme ne s'éclaire vraiment que dans le mystère du Verbe incarné » (GS § 22). L'unité des dimensions temporelle et spirituelle est exprimée par le terme « intégral » qui est souvent repris par Benoît XVI dans *Caritas in veritate*. Les Pères parlent de vocation *intégrale* de l'homme, de développement *intégral* (GS § 59), de culture *intégrale*, de production au service de l'homme *tout entier*, de bien *complet* de l'homme. Cette unité conduit les Pères à affirmer avec force la nécessité d'un engagement temporel : « Ce divorce entre la foi dont ils [les chrétiens] se réclament et le comportement quotidien d'un grand nombre est à compter parmi les plus graves erreurs de notre temps » (GS § 43).

Cette anthropologie ouvre à une réflexion sur la communauté humaine qui est elle aussi éclairée par la Révélation : elle est d'emblée située dans la perspective de la communion des Personnes divines. La communauté, lieu des relations entre les personnes, comporte une dimension théologique. Ainsi, les Pères n'hésitent pas à évoquer « une certaine ressemblance entre l'union des Personnes divines et celle des fils de Dieu dans la vérité et dans l'amour » (GS § 24), analogie qui est reprise par Benoît XVI dans *Caritas in veritate* (§ 54).

Cette communauté qui s'ouvre à la communion se réalise notamment par l'activité de l'homme qui est elle aussi envisagée sous l'angle spirituel qui lui est immanent. Ainsi « le message chrétien ne détourne pas les hommes de la construction du monde et ne les incite pas à se détourner du sort de leurs semblables : il leur en fait au contraire un devoir plus pressant » (GS § 34). L'homme à qui la création est confiée par Dieu en est co-créateur : il a la responsabilité de construire ce monde pour faire advenir la « fraternité universelle », en vue de l'établissement du Royaume de Dieu. L'autonomie dont l'homme dispose dans cette vocation est source de l'ambivalence du « progrès » : il peut « servir au bonheur véritable des hommes » ou devenir un « instrument de péché ». C'est pourquoi les activités humaines « ont besoin d'être purifiées et amenées à leur perfection par la croix et la résurrection du Christ » (GS § 37).

Ces quelques lignes montrent comment la Doctrine sociale ne vise pas seulement à expliciter les contours d'un ordre social juste, mais se redouble d'une dimension théologique où l'assomption des dimensions spirituelles de l'homme et de la société sont intimement liées.

Dans la Déclaration sur la liberté religieuse *Dignitatis humanae*, les Pères posent ce qui nous paraît être l'achèvement de la prise en compte de la place centrale de l'homme. La réflexion sur les droits de l'homme engagée par Pie XI et Pie XII avant d'être reprise par Jean XXIII a permis de justifier le respect du à la personne et à sa dignité, par les États et les institutions humaines. La Déclaration *Dignitatis humanae* se situant d'abord sur un plan civil et juridique affirme le droit à la liberté religieuse, au plan privé comme au plan public. Elle porte notamment sur l'absence de toute contrainte en matière religieuse. Dans la seconde partie, les Pères se placent au plan théologique pour montrer que la liberté, même dans l'erreur, doit être respectée, comme le Christ lui-même l'a fait. L'Église elle-même, dans sa mission, respecte la dignité et la liberté de la personne humaine. Ainsi la Doctrine sociale de l'Église, étant l'une des formes de l'annonce de l'Évangile par l'Église, se présente-t-elle non pas comme des prescriptions, mais comme la présentation d'une réflexion visant à décrire la vérité en matière sociale, une vérité qui s'impose par la puissance qu'elle porte en elle-même.

Paul VI : *Populorum progressio* (1967)

Paul VI ouvre un nouveau chapitre de la Doctrine sociale de l'Église avec *Populorum progressio*, que Benoît XVI qualifie de « *Rerum novarum* de l'époque contemporaine » (CIV § 8). Dans la ligne ouverte par Jean XXIII, Paul VI étend la réflexion aux horizons du monde pour réfléchir aux causes du sous-développement et à la nature d'un développement pleinement humain.

La décolonisation a amené de nombreux pays à l'indépendance politique et a modifié le cadre général de leurs relations économiques avec les pays industrialisés. Dans les faits, leur indépendance reste limitée par une situation économique qui demeure le plus souvent précaire. Des zones de pauvreté absolue s'y étendent, tandis que s'accroît l'écart avec les pays industrialisés. Paul VI attire l'attention du monde sur une situation qui lui paraît aussi inacceptable que dangereuse. Affirmant que « la question sociale est devenue mondiale », il estime que la pauvreté et le sous-développement ne sont pas seulement le fruit de causes naturelles, mais aussi d'injustices qui doivent être « combattues et vaincues ». Aussi invite-t-il les nations à des « transformations audacieuses… » et des « réformes urgentes » (PP § 32), dans le cadre d'un appel à « une action concertée pour le développement intégral de l'homme et le développement solidaire de l'humanité » (PP § 5).

Il met en garde contre une conception purement économique du développement. « Pour être authentique, il doit être intégral, c'est-à-dire promouvoir tout homme et tout l'homme » (PP § 14). Un tel développement doit permettre un « plein épanouissement humain » qui comporte, outre des conditions matérielles de vie, la « possibilité de participer aux responsabilités hors de toute oppression », d'être plus instruits pour devenir capable d'être l'agent responsable de sa situation matérielle, « de son progrès moral et de son épanouissement spirituel » (PP § 34). Le développement de tout homme suppose de vivre concrètement une réelle solidarité entre les peuples. Cette solidarité est un devoir fondé sur la « fraternité humaine et surnaturelle » (PP § 44) et constitue aussi le chemin vers la réalisation concrète d'une telle fraternité pleinement vécue.

Les réflexions de Paul VI furent reprises par la Conférence des Évêques d'Amérique du Sud réunis à Medellin en 1968. Les références faites par Paul VI à l'oppression, à la libération de la servitude, les appels à combattre les injustices reprises par les évêques sud-américains nourrirent le développement de la théologie de la libération. En conséquence, un grand nombre de chrétiens s'engagèrent dans un mouvement à forte connotation politique et marxiste visant la libération de l'oppression au plan temporel. Cela amena Paul VI à préciser sa visée en publiant *Octogesima adveniens* (1971). Il y met en garde contre les idéologies, notamment le marxisme, et rappelle que la condition d'une véritable libération est la liberté « intérieure ». Cette perspective plus franchement spirituelle est encore plus développée dans *Evangelii nuntiandi*

(1975). La libération y est évoquée dans une acception théologique : la vraie libération est le salut opéré par le Christ qui libère l'homme du péché. Si, au nom même de l'évangélisation, l'Église doit s'engager pour la libération aux plans économiques et politiques, un tel engagement doit être envisagé dans une perspective accordant la primauté au spirituel et ordonné au salut en Jésus-Christ : animé par la « justice dans la charité » (EN § 35), conçu comme coopération à l'œuvre salvatrice de Dieu et finalisé par le Royaume de Dieu. L'action de l'Église vise d'abord la conversion des cœurs, qui est la condition et le moyen premier de l'établissement de structures justes :

> L'Église tient certes comme important et urgent de bâtir des structures plus humaines, plus justes, plus respectueuses des droits de la personne, moins oppressives et moins asservissantes, mais elle est consciente que les meilleures structures, les systèmes les mieux conçus deviennent vite inhumains si les pentes inhumaines du cœur de l'homme ne sont pas assainies, s'il n'y a pas une conversion du cœur… *(EN § 36).*

La pensée de Paul VI embrasse les considérations temporelles dans une perspective spirituelle qui en donne le fondement et la fin. Elle est l'expression concrète de l'orientation exposée dans *Gaudium et spes* : l'association intime de l'anthropologique et du théologique, et l'approfondissement corrélatif de la dimension spirituelle de la Doctrine sociale. C'est cette perspective spirituelle sur laquelle Benoît XVI attire notre attention dans sa relecture des encycliques de Paul VI. Paul VI avait saisi l'enjeu spirituel de la mondialisation, il avait saisi, selon les mots de Benoît XVI, « l'interaction existant entre l'élan vers l'unification de l'humanité et l'idéal chrétien d'une unique famille des peuples, solidaire dans une commune fraternité » (CIV § 13).

Jean-Paul II : *Laborem exercens* (1981), *Sollicitudo rei socialis* (1987), *Centesimus annus* (1991)

Jean-Paul II se situe largement dans cette perspective, en donnant une large place à une anthropologie qui est à la fois personnaliste et théologique, ou « intégrale » au sens de *Gaudium et spes.*

Après les Trente glorieuses et la chute du mur de Berlin, il écrit dans un contexte historique sensiblement différent de celui de Paul VI. Les problèmes de développement sont toujours aussi aigus, avec des inégalités croissantes, entre et à l'intérieur des pays ; le libéralisme s'impose et conduit à une mondialisation économique et financière ; la conscience des problèmes écologiques se développe.

Jean-Paul II consacre trois encycliques à la morale sociale : *Laborem exercens* (1981), *Sollicitudo rei socialis* (1987), et *Centesimus annus* (1991). Il y traite des questions sociales au sens large, en accordant une part importante aux questions économiques. Ses analyses donnent une place centrale à l'homme, conçu comme « personne », être relationnel et « sujet autonome de décision morale qui construit l'ordre social par cette décision » (CA § 13). Les institutions sont donc le fruit de la liberté de l'homme ; elles doivent être au service de la personne, et donc être fondées sur une juste conception de la personne.

> … Ce qui sert de trame et, d'une certaine manière, de guide à l'encyclique et à toute la doctrine sociale de l'Église, c'est la juste conception de la personne humaine, de sa valeur unique, dans la mesure où l'homme est sur la terre la seule créature que Dieu ait voulue pour elle-même *(CA § 11)*.

À l'inverse, les « erreurs anthropologiques » se trouvent au cœur des dysfonctionnements qu'il dénonce, notamment aux plans économiques, politiques et aussi au plan de l'écologie. Les institutions, économiques, sociales et politiques, sont en effet construites par l'homme en fonction des représentations qu'il se fait de l'homme, de sa nature, et de ses fins.

> L'erreur, comme on l'a dit, consiste en une conception de la liberté humaine qui la soustrait à l'obéissance à la vérité et donc aussi au devoir de respecter les droits des autres hommes *(CA § 17)*.

La vérité de l'homme qui conditionne l'exercice juste de sa liberté, c'est qu'il est une personne créée à l'image de Dieu. La personne humaine se développe dans une communauté, à travers les relations qui le lient à la fois à ses contemporains et aux générations antérieures et à venir. Elle trouve son accomplissement dans la communion qu'elle réalise avec les hommes et avec Dieu.

Parmi les erreurs, Jean-Paul II évoque le matérialisme, qui ne considère l'homme que sous l'angle de ses besoins matériels, et l'athéisme qui nie sa relation à Dieu. Plus fondamentalement, sa conception de l'homme comme « personne » s'oppose à un individualisme qui exalte l'autonomie au détriment de la relation, et au collectivisme qui ne respecte pas la primauté de la personne sur la communauté. Le personnalisme de Jean-Paul II est ainsi au cœur de sa dénonciation du libéralisme comme du socialisme.

Jean-Paul II accorde une place importante aux questions économiques, qu'il situe dans une perspective anthropologique et théologique.

L'économie et le travail sont l'un des lieux de réalisation de l'homme et de la communauté. Dans *Centesimus annus*, Jean-Paul II souligne nombre d'aspects positifs de l'économie libérale. Le libéralisme s'appuie sur la propriété, la liberté de l'homme et sur sa responsabilité en matière économique; il suscite sa créativité et sa libre initiative. Autant de points qui fondent une dénonciation tant du socialisme que des développements excessifs de l'État-Providence. Le marché est reconnu comme un moyen efficace d'allouer les ressources, d'identifier et de satisfaire les besoins des hommes, mais il a des limites[7]. De même le profit est légitime, il est un indicateur du bon fonctionnement de l'entreprise, sans en être le seul:

> ... le but de l'entreprise n'est pas uniquement la production du profit, mais l'existence même de l'entreprise comme communauté de personnes qui, de différentes manières, recherchent la satisfaction de leurs besoins fondamentaux et qui constituent un groupe particulier au service de la société tout entière *(CA § 35)*.

Si son jugement positif sur le capitalisme libéral mérite d'être noté, il faut aussi remarquer qu'il reste

7. Il ne concerne que les besoins solvables et il y a « *de nombreux besoins humains qui ne peuvent être satisfaits par le marché* » (CA § 34).

qualifié, notamment par des considérations anthropologiques et éthiques. S'interrogeant sur la capacité du capitalisme à être un modèle de système social, il répond :

> Si sous le nom de « capitalisme » on désigne un système économique qui reconnaît le rôle fondamental et positif de l'entreprise, du marché, de la propriété privée et de la responsabilité qu'elle implique dans les moyens de production, de la libre créativité humaine dans le secteur économique, la réponse est sûrement positive,... Mais si par « capitalisme » on entend un système où la liberté dans le domaine économique n'est pas encadrée par un contexte juridique ferme qui la met au service de la liberté humaine intégrale et la considère comme une dimension particulière de cette dernière, dont l'axe est d'ordre éthique et religieux, alors la réponse est nettement négative *(CA § 42)*.

Les institutions économiques, sociales et politiques étant finalisées par le développement intégral de l'homme, c'est à partir de cette fin qu'il faut concevoir ces institutions. L'interdépendance des hommes les rend collectivement responsables de l'accomplissement de leur vocation, qui est inséparablement accomplissement de la personne et de la communauté.

Ainsi, dans *Laborem exercens*, le travail humain est envisagé comme expression de la personne humaine, et comme lieu d'accomplissement de sa vocation, accomplissement qui associe les plans personnel, communautaire et spirituel : par son travail, l'homme actualise et développe ses capacités, « il se réalise lui-même comme homme et même, en un certain sens, "il devient plus homme" » (LE § 9). Par son travail, il s'unit aux autres hommes pour former une communauté. C'est le cas dans l'entreprise, « communauté de personnes… au service de la société tout entière » (CA § 35), c'est aussi le cas par l'échange entre les hommes et à travers les générations des produits du travail. Par son travail, l'homme contribue à l'œuvre rédemptrice du Christ et à l'édification du « corps de la nouvelle famille humaine » et au « développement du Royaume de Dieu » (LE § 27).

Le capital ne peut pas être opposé au travail. Il est le fruit du travail des générations et reste ordonné au travail. Cette primauté du travail sur le capital est une expression de la primauté de l'homme sur les choses. Ainsi Jean-Paul II s'oppose-t-il à une forme de « capitalisme "rigide" qui défend le droit exclusif de la propriété privée des moyens de production comme un dogme intangible de la vie économique » (LE § 14,4). Il critique aussi, avec fermeté, les formes de collectivisation des moyens de production qui viseraient à éliminer a priori leur propriété privée. Entre ces deux extrêmes, il reconnaît le droit de propriété sur les moyens de production mais souligne que « l'unique titre légitime à leur possession… est qu'ils servent au travail » (LE § 14.3).

L'interdépendance des hommes dans le travail ne se limite pas à la relation employeur-employé. Jean-Paul II évoque à ce propos la notion d'employeur indirect. Cette distinction entre employeur direct et indirect permet de mettre en évidence la responsabilité éthique d'acteurs qui, sans intervenir directement dans la relation de travail, en conditionnent indirectement la teneur. Ainsi les États, les entreprises qui sous-traitent, les donneurs d'ordres, et aussi les consommateurs se tiennent dans un réseau d'interdépendance où leur responsabilité éthique est engagée. Ils déterminent indirectement les conditions concrètes dans lesquelles le travail s'opère.

Jean-Paul II reprend les questions de développement traitées par Paul VI dans *Populorum progressio.* Comme lui, mais dans un contexte différent, il envisage le problème d'une manière très large :

> ... le développement ne doit pas être compris d'une manière exclusivement économique, mais dans un sens intégralement humain. *[Il s'agit]* de construire, par un travail solidaire, une vie plus digne, de faire croître réellement la dignité et la créativité de chaque personne, sa capacité de répondre à sa vocation et donc à l'appel de Dieu *(CA § 29).*
> De nos jours, le sous-développement n'est pas seulement économique ; il est également culturel, politique, et tout simplement humain *(SRS § 15).*

Il souligne en outre que ce sous-développement ne touche pas seulement les pays pauvres, mais aussi les pays riches : d'une part de nouvelles formes de pauvreté s'y développent, d'autre part, la sur-consommation laisse subsister une insatisfaction radicale et conduit à une forme d'aliénation envers les choses matérielles. Ces problèmes mettent en question la capacité des hommes à accomplir leur vocation fondamentale et appellent à des « prises de position essentiellement morales » (SRS § 35), à des « changements des attitudes spirituelles » (SRS § 38).

Les analyses de Jean-Paul II se situent donc dans une perspective théologique, et sont articulées principalement autour de la juste conception de l'homme comme personne, en référence à la vérité.

Conclusion

Ce parcours rapide de la Doctrine sociale de l'Église depuis Vatican II témoigne à la fois d'une grande continuité et d'une évolution. Les positions de l'Église demeurent constantes et constituent une doctrine à la fois cohérente et stable, tout en se précisant progressivement. L'évolution porte surtout sur la manière dont les questions sociales sont abordées. À partir de Vatican II, la Doctrine sociale prend un contenu plus franchement théologique, dont Jean-Paul II met en évidence l'articulation centrale : la personne humaine et sa vocation naturelle et surnaturelle. La dimension théologique est fortement soulignée, en référence à la personne du Christ, qui révèle la vérité de l'homme.

Les orientations de Caritas in veritate

L'encyclique de Benoît XVI s'inscrit dans cette longue tradition, et plus particulièrement sur celle qui est postérieure à Vatican II. Comme les autres encycliques, elle dépasse largement le contexte historique dans lequel elle a été écrite. Il ne s'agit donc pas d'un écrit de circonstance, et moins encore d'une réponse à la crise que le monde traverse en ce début de troisième millénaire. Le pape s'appuie sur les réflexions de ses prédécesseurs, les précise ou les prolonge, en tenant compte des problèmes actuels et, de manière plus spécifique, les place dans une perspective théologique en référence à la charité.

Le pape pose sur le monde contemporain un regard à la fois perspicace et critique, mais surtout optimiste et plein d'espérance. Cette espérance est fondée sur la charité, en quoi le pape voit le fondement de la dynamique qui doit animer les hommes pour construire une fraternité humaine universelle. Jean-Paul II mettait la personne humaine au centre de sa réflexion et de la Doctrine sociale. Benoît XVI y met la charité[8], principe actif qui anime l'homme dans la réalisation de sa vocation.

La charité, expression parfaite de l'amour, don de Dieu qui est amour[9], constitue l'axe central de son propos. Elle est le fondement de la Doctrine sociale[10], et la « force dynamique essentielle du vrai développement » (CIV § 1). Vivre la charité dans la vérité est la vocation de tout homme. Elle appelle tous les hommes de bonne volonté à reconnaître et à œuvrer pour « l'idéal chrétien d'une unique famille des peuples, solidaire dans une commune fraternité » (CIV § 13). La charité dans la vérité éclaire la profondeur des réalités sociales, économiques et politiques où cette fraternité se construit.

Le pape en explicite les conséquences concrètes et aussi les exigences au regard de la situation du monde

8. La charité (*caritas*) dont parle le pape n'a rien à voir avec l'aumône ; elle désigne l'amour *agapè*, *caritas*, qui, comme l'indique le titre de sa première encyclique (*Deus caritas est*) est la vie de Dieu et le don qu'il fait aux hommes.

9. Cf. la première encyclique de Benoît XVI : *Deus caritas est* (*Dieu est amour*).

10. « La charité est la voie maîtresse de la doctrine sociale de l'Église » (CIV § 2).

contemporain. Sans donner de solutions pratiques, il s'appuie sur la Doctrine sociale élaborée par ses prédécesseurs pour ouvrir des perspectives nouvelles et interpeller les consciences dans un message plein d'espérance : l'homme est libre et responsable, les structures et institutions qui façonnent le monde sont construites par l'homme, elles ne sont jamais hors des prises de sa liberté. Benoît XVI invite chacun à se laisser éclairer par la charité dans la vérité. À cette lumière, la liberté de l'homme peut découvrir comment orienter son action selon les normes de la justice, de la solidarité, de la subsidiarité, et du bien commun qui dérivent de la charité.

La charité en acte se matérialise par le don et la gratuité, deux notions qui traversent le propos du pape. Le premier don est celui de Dieu : don de l'amour-charité (CIV § 2.5.34), don de la création (CIV § 48), don de la vie. L'homme est appelé à vivre ce don qui trouve sa source dans la charité : « L'être humain est fait pour le don ; c'est le don qui exprime et réalise sa dimension de transcendance » (CIV § 34). La charité est la force qui permet à l'homme de vivre ce don dans les différents domaines de son existence, elle est la « force dynamique essentielle du vrai développement de chaque personne et de l'humanité tout entière » (CIV § 1).

Le pape explicite l'œuvre et les exigences de la charité concernant un certain nombre de questions concrètes : la société politique, les relations internationales, le rapport à l'environnement, à la vie, aux techniques, à l'économie. Dans chacun de ces domaines, la charité est au service du don, de la gratuité, pour constituer une fraternité universelle et solidaire :

> ... si le développement économique, social et politique veut être authentiquement humain, il doit prendre en considération le principe de gratuité comme expression de fraternité *(CIV § 34).*

Il développe plus particulièrement sa réflexion sur les questions économiques auxquelles il consacre le troisième chapitre de son encyclique. Sa perspective est fondamentalement positive : l'économie, la finance, le marché, la mondialisation nc sont pas mauvais en soi, mais possèdent une dimension éthique, qu'il appartient à l'homme d'assumer. Là encore, l'homme est responsable des institutions, de leur forme comme de leur utilisation. C'est à l'homme de les animer selon la charité dans la vérité, pour en faire les lieux de fraternité et de « communion avec les autres hommes pour une croissance commune » (CIV § 51).

> Nous pouvons par nous-mêmes constituer la communauté des hommes, mais celle-ci ne pourra jamais être, par ses seules forces, une communauté pleinement fraternelle ni excéder ses propres limites, c'est-à-dire devenir une communauté vraiment universelle : l'unité du genre humain, communion fraternelle dépassant toutes divisions, naît de l'appel formulé par la parole du Dieu-Amour *(CIV § 34).*

Dans cette encyclique, Benoît XVI nous invite à découvrir comment la réaliser en mettant concrètement en œuvre, dans toutes les dimensions de nos vies, le don que Dieu nous fait de la charité dans la vérité.

LETTRE ENCYCLIQUE
CARITAS IN VERITATE
DU SOUVERAIN PONTIFE
BENOÎT XVI
AUX ÉVÊQUES
AUX PRÊTRES ET AUX DIACRES
AUX PERSONNES CONSACRÉES
AUX FIDÈLES LAÏCS
ET À TOUS LES HOMMES DE BONNE VOLONTÉ
SUR LE DÉVELOPPEMENT HUMAIN INTÉGRAL
DANS LA CHARITÉ ET DANS LA VÉRITÉ

Introduction

1. L'amour dans la vérité (*Caritas in veritate*), dont Jésus s'est fait le témoin dans sa vie terrestre et surtout par sa mort et sa résurrection, est la force dynamique essentielle du vrai développement de chaque personne et de l'humanité tout entière. L'amour – « *caritas* » – est une force extraordinaire qui pousse les personnes à s'engager avec courage et générosité dans le domaine de la justice et de la paix. C'est une force qui a son origine en Dieu, Amour éternel et Vérité absolue. Chacun trouve son bien en adhérant, pour le réaliser pleinement, au projet que Dieu a sur lui : en effet, il trouve dans ce projet sa propre vérité et c'est en adhérant à cette vérité qu'il devient libre (cf. *Jn* 8, 32). Défendre la vérité, la proposer avec humilité et conviction et en témoigner dans la vie sont par conséquent des formes exigeantes et irremplaçables de la charité. En effet, celle-ci « trouve sa joie dans ce qui est vrai » (1 *Co* 13, 6). Toute personne expérimente en elle un élan pour aimer de manière authentique : l'amour et la vérité ne l'abandonnent jamais totalement, parce qu'il s'agit là de la vocation déposée par Dieu dans le cœur et dans l'esprit de chaque homme. Jésus Christ purifie et libère de nos pauvretés humaines la recherche de l'amour et de la vérité et il nous révèle en plénitude l'initiative d'amour ainsi que le projet de la vie vraie que Dieu a préparée pour nous. Dans le Christ, *l'amour dans la vérité* devient le Visage de sa Personne. C'est notre vocation d'aimer

nos frères dans la vérité de son dessein. Lui-même, en effet, est la Vérité (cf. *Jn* 14, 6).

2. La charité est la voie maîtresse de la doctrine sociale de l'Église. Toute responsabilité et tout engagement définis par cette doctrine sont imprégnés de l'amour qui, selon l'enseignement du Christ, est la synthèse de toute la Loi (cf. *Mt* 22, 36-40). L'amour donne une substance authentique à la relation personnelle avec Dieu et avec le prochain. Il est le principe non seulement des microrelations : rapports amicaux, familiaux, en petits groupes, mais également des macrorelations : rapports sociaux, économiques, politiques. Pour l'Église – instruite par l'Évangile –, l'amour est tout parce que, comme l'enseigne saint Jean (cf. 1 *Jn* 4, 8.16) et comme je l'ai rappelé dans ma première Lettre encyclique, « Dieu est amour » (*Deus caritas est*) : *tout provient de l'amour de Dieu, par lui tout prend forme et tout tend vers lui*. L'amour est le don le plus grand que Dieu ait fait aux hommes, il est sa promesse et notre espérance.

Je suis conscient des dévoiements et des pertes de sens qui ont marqué et qui marquent encore la charité, avec le risque conséquent de la comprendre de manière erronée, de l'exclure de la vie morale et, dans tous les cas, d'en empêcher la juste mise en valeur. Dans les domaines social, juridique, culturel, politique, économique, c'est-à-dire dans les contextes les plus exposés à ce danger, il n'est pas rare qu'elle soit déclarée incapable d'interpréter et d'orienter les responsabilités morales. De là, découle la nécessité de conjuguer l'amour avec la vérité non seulement selon la direction indiquée par saint Paul : celle de la « veritas in caritate » (*Ep* 4, 15), mais aussi, dans celle inverse et complémentaire, de la « caritas in veritate ». La vérité doit être cherchée, découverte et exprimée dans l'« économie » de l'amour, mais l'amour à son tour doit être compris, vérifié et pratiqué à la lumière de la vérité. Nous aurons ainsi non seulement rendu service à l'amour, illuminé par la vérité, mais nous aurons aussi contribué à rendre crédible la vérité en en montrant le pouvoir d'authentification et de persuasion dans le concret de la vie sociale. Ce qui, aujourd'hui, n'est pas rien compte tenu du contexte social et culturel présent qui relativise la vérité, s'en désintéresse souvent ou s'y montre réticent.

3. Par son lien étroit avec la vérité, l'amour peut être reconnu comme une expression authentique d'humanité et comme un élément d'importance fondamentale dans les relations humaines, même de nature publique. *Ce n'est que dans la vérité que l'amour resplendit* et qu'il peut être vécu avec authenticité. La vérité est une lumière qui donne sens et valeur à l'amour. Cette lumière est, en même temps, celle de la raison et de la foi, par laquelle l'intelligence parvient à la vérité naturelle et surnaturelle de l'amour : l'intelligence en reçoit le sens de don, d'accueil et de communion. Dépourvu de vérité, l'amour bascule dans le sentimentalisme. L'amour devient une coque vide susceptible d'être arbitrairement remplie. C'est le risque mortifère qu'affronte l'amour dans une culture sans vérité. Il est la proie des émotions et de l'opinion contingente des êtres humains ; il devient un terme galvaudé et déformé, jusqu'à signifier son contraire. La vérité libère l'amour des étroitesses de l'émotivité qui le prive de contenus relationnels et sociaux, et d'un fidéisme qui le prive d'un souffle humain et universel. Dans la vérité, l'amour reflète en même temps la dimension personnelle et publique de la foi au Dieu biblique qui est à la fois « *Agapè* » et « *Lógos* » : Charité et Vérité, Amour et Parole.

4. Parce que l'amour est riche de vérité, l'homme peut le comprendre dans la richesse, partagée et communiquée, de

ses valeurs. La vérité est, en effet, *lógos* qui crée un *diá-logos* et donc une communication et une communion. En aidant les hommes à aller au-delà de leurs opinions et de leurs sensations subjectives, la vérité leur permet de dépasser les déterminismes culturels et historiques et de se rencontrer dans la reconnaissance de la substance et de la valeur des choses. La vérité ouvre et unit les intelligences dans le *lógos* de l'amour : l'annonce et le témoignage chrétien de l'amour résident en cela. Dans le contexte socioculturel actuel, où la tendance à relativiser le vrai est courante, vivre la charité dans la vérité conduit à comprendre que l'adhésion aux valeurs du christianisme est un élément non seulement utile, mais indispensable pour l'édification d'une société bonne et d'un véritable développement humain intégral. Un christianisme de charité sans vérité peut facilement être confondu avec un réservoir de bons sentiments, utiles pour la coexistence sociale, mais n'ayant qu'une incidence marginale. Compris ainsi, Dieu n'aurait plus une place propre et authentique dans le monde. Sans la vérité, la charité est reléguée dans un espace restreint et relationnellement appauvri. Dans le dialogue entre les connaissances et leur mise en œuvre, elle est exclue des projets et des processus de construction d'un développement humain d'envergure universelle.

5. La charité est amour reçu et donné. Elle est « *grâce* » (*cháris*). Sa source est l'amour jaillissant du Père pour le Fils, dans l'Esprit Saint. C'est un amour qui, du Fils, descend sur nous. C'est un amour créateur, qui nous a donné l'existence ; c'est un amour rédempteur, qui nous a recréés. Un amour révélé et réalisé par le Christ (cf. *Jn* 13, 1) et « répandu dans nos cœurs par l'Esprit Saint qui nous a été donné » (*Rm* 5, 5). Objets de l'amour de Dieu, les hommes sont constitués sujets de la charité, appelés à devenir eux-mêmes les instruments de la grâce, pour répandre la charité de Dieu et pour tisser des liens de charité.

La doctrine sociale de l'Église répond à cette dynamique de charité reçue et donnée. *Elle est « caritas in veritate in re sociali »* : annonce de la vérité de l'amour du Christ dans la société. Cette doctrine est un service de la charité, mais dans la vérité. La vérité préserve et exprime la force de libération de la charité dans les événements toujours nouveaux de l'histoire. Elle est, en même temps, une vérité de la foi et de la raison, dans la distinction comme dans la synergie de ces deux modes de connaissance. Le développement, le bien-être social, ainsi qu'une solution adaptée aux graves problèmes socio-économiques qui affligent l'humanité, ont besoin de cette vérité. Plus encore, il est nécessaire que cette vérité soit aimée et qu'il lui soit rendu témoignage. Sans vérité, sans confiance et sans amour du vrai, il n'y a pas de conscience ni de responsabilité sociale, et l'agir social devient la proie d'intérêts privés et de logiques de pouvoir, qui ont pour effets d'entraîner la désagrégation de la société, et cela d'autant plus dans une société en voie de mondialisation et dans les moments difficiles comme ceux que nous connaissons actuellement.

6. « *Caritas in veritate* » est un principe sur lequel se fonde la doctrine sociale de l'Église, un principe qui prend une forme opératoire par des critères d'orientation de l'action morale. Je désire en rappeler deux de manière particulière ; ils sont dictés principalement par l'engagement en faveur du développement dans une société en voie de mondialisation : *la justice et le bien commun.*

La *justice* tout d'abord. *Ubi societas, ibi ius* : toute société élabore un système propre de justice. *La charité dépasse la justice*, parce qu'aimer c'est donner, offrir du mien à l'autre ; mais elle n'existe jamais sans la justice qui amène à donner à l'autre ce qui est sien, c'est-à-dire ce qui lui revient en raison de son être et de son agir. Je ne peux pas « donner » à l'autre du mien, sans lui avoir donné tout d'abord ce qui lui revient selon la justice. Qui aime les autres avec charité est d'abord juste envers eux. Non seulement la justice n'est pas étrangère à la charité, non seulement elle n'est pas une voie alternative ou parallèle à la charité : la justice est « inséparable de la charité[1] », elle lui est intrinsèque. La justice est la première voie de la charité ou, comme le disait Paul VI, son « minimum[2] », une partie intégrante de cet amour en « actes et en vérité » (1 *Jn* 3, 18) auquel l'apôtre saint Jean exhorte. D'une part, la charité exige la justice : la reconnaissance et le respect des droits légitimes des individus et des peuples. Elle s'efforce de construire la *cité de l'homme* selon le droit et la justice. D'autre part, la charité dépasse la justice et la complète dans la logique du don et du pardon[3]. La *cité de l'homme* n'est pas uniquement constituée par des rapports de droits et de devoirs, mais plus encore, et d'abord, par des relations de gratuité, de miséricorde et de communion. La charité manifeste toujours l'amour de Dieu, y compris dans les relations humaines. Elle donne une valeur théologale et salvifique à tout engagement pour la justice dans le monde.

7. Il faut ensuite prendre en grande considération le bien commun. Aimer quelqu'un, c'est vouloir son bien et mettre tout en œuvre pour cela. À côté du bien individuel, il y a un bien lié à la vie en société : le bien commun. C'est le bien du 'nous-tous', constitué d'individus, de familles et de groupes intermédiaires qui forment une communauté

---

1. Paul VI, Lett. enc. *Populorum progressio* (26 mars 1967), n. 22 : AAS 59 (1967), 268 ; *La Documentation catholique* (par la suite : *DC)* 64 (1967) col. 682 ; cf. Conc. œcum. Vat. II, Const. past. sur l'Église dans le monde de ce temps *Gaudium et Spes*, n. 69, § 1.

2. Paul VI, *Allocution de la messe pour la Journée du développement*, Bogota, 23 août 1968 : AAS 60 (1968) pp. 626-627 ; *DC* 65 (1968) col. 1547.

3. Cf. Jean-Paul II, *Message pour la Journée mondiale de prière pour la Paix 2002* : AAS 94 (2002), 132-140 ; *DC* 99 (2002) pp. 4-8.

sociale[4]. Ce n'est pas un bien recherché pour lui-même, mais pour les personnes qui font partie de la communauté sociale et qui, en elle seule, peuvent arriver réellement et plus efficacement à leur bien. *C'est une exigence de la justice et de la charité que de vouloir le bien commun et de le rechercher.* Œuvrer en vue du bien commun signifie d'une part, prendre soin et, d'autre part, se servir de l'ensemble des institutions qui structurent juridiquement, civilement, et culturellement la vie sociale qui prend ainsi la forme de la *pólis*, de la cité. On aime d'autant plus efficacement le prochain que l'on travaille davantage en faveur du bien commun qui répond également à ses besoins réels. Tout chrétien est appelé à vivre cette charité, selon sa vocation et selon ses possibilités d'influence au service de la *pólis*. C'est là la voie institutionnelle – politique peut-on dire aussi – de la charité, qui n'est pas moins qualifiée et déterminante que la charité qui est directement en rapport avec le prochain, hors des médiations institutionnelles de la cité. L'engagement pour le bien commun, quand la charité l'anime, a une valeur supérieure à celle de l'engagement purement séculier et politique. Comme tout engagement en faveur de la justice, il s'inscrit dans le témoignage de la charité divine qui, agissant dans le temps, prépare l'éternité. Quand elle est inspirée et animée par la charité, l'action de l'homme contribue à l'édification de cette *cité de Dieu* universelle vers laquelle avance l'histoire de la famille humaine. Dans une société en voie de mondialisation, le bien commun et l'engagement en sa faveur ne peuvent pas ne pas assumer les dimensions de la famille humaine tout entière, c'est-à-dire de la communauté des peuples et des Nations[5], au point de donner forme d'unité et de paix à la

4. Cf. Conc. œcum. Vat. II, Const. Past. sur l'Église dans le monde de ce temps *Gaudium et Spes*, n. 26.
5. Cf. Jean XXIII, Lett. enc. *Pacem in terris* (11 avril 1963), nn. 68-70 : AAS 55 (1963), 268-270 ; *DC* 60 (1963) col. 525-526.

cité des hommes, et d'en faire, en quelque sorte, la préfiguration anticipée de la cité sans frontières de Dieu.

8. En publiant en 1967 l'encyclique *Populorum progressio*, mon vénérable prédécesseur Paul VI a éclairé le grand thème du développement des peuples de la splendeur de la vérité et de la douce lumière de la charité du Christ. Il a affirmé que l'annonce du Christ est le premier et le principal facteur de développement[6] et il nous a laissé la consigne d'avancer sur la route du développement de tout notre cœur et de toute notre intelligence[7], c'est-à-dire avec l'ardeur de la charité et la sagesse de la vérité. C'est la vérité originelle de l'amour de Dieu – grâce qui nous est donnée – qui ouvre notre vie au don et qui rend possible l'espérance en un « développement [...] de tout l'homme et de tous les hommes[8] », en passant « de conditions moins humaines à des conditions plus humaines[9] », et cela en triomphant des difficultés inévitablement rencontrées sur le chemin.

Plus de quarante ans après la publication de cette encyclique, je désire honorer la mémoire de Paul VI, et rendre hommage à ce grand Pontife, en reprenant ses enseignements sur le *développement humain intégral* et en me plaçant sur la voie qu'ils ont tracée, afin de les actualiser aujourd'hui. Ce processus d'actualisation commença avec l'encyclique *Sollicitudo rei socialis*, par laquelle le Serviteur de Dieu Jean-Paul II voulut commémorer la publication de *Populorum progressio* à l'occasion de son vingtième anniversaire. Jusque-là une telle commémoration n'avait été réservée qu'à l'encyclique *Rerum novarum*. Vingt ans après, j'exprime ma conviction que *Populorum progressio* mérite d'être considérée comme l'encyclique « *Rerum novarum* de

---

6. Cf. n. 16 : *loc. cit.*, 265 ; *DC* 64 (1967) col. 680.
7. Cf. *ibid.*, n. 82 : *loc. cit.*, 297 ; *DC* 64 (1967) col. 701.
8. *Ibid.*, n. 42 : *loc. cit.*, 278 ; *DC* 64 (1967) col. 689.
9. *Ibid.*, n. 20 : *loc. cit.*, 267 ; *DC* 64 (1967) col. 681.

l'époque contemporaine » qui éclaire le chemin de l'humanité en voie d'unification.

9. L'amour dans la vérité – *caritas in veritate* – est un grand défi pour l'Église dans un monde sur la voie d'une mondialisation progressive et généralisée. Le risque de notre époque réside dans le fait qu'à l'interdépendance déjà réelle entre les hommes et les peuples, ne corresponde pas l'interaction éthique des consciences et des intelligences dont le fruit devrait être l'émergence d'un développement vraiment humain. Seule *la charité, éclairée par la lumière de la raison et de la foi*, permettra d'atteindre des objectifs de développement porteurs d'une valeur plus humaine et plus humanisante. Le partage des biens et des ressources, d'où provient le vrai développement, n'est pas assuré par le seul progrès technique et par de simples relations de convenance, mais par la puissance de l'amour qui vainc le mal par le bien (cf. *Rm* 12, 21) et qui ouvre à la réciprocité des consciences et des libertés.

L'Église n'a pas de solutions techniques à offrir[10] et ne prétend « aucunement s'immiscer dans la politique des États[11] ». Elle a toutefois une mission de vérité à remplir, en tout temps et en toutes circonstances, en faveur d'une société à la mesure de l'homme, de sa dignité et de sa vocation. Sans vérité, on aboutit à une vision empirique et sceptique de la vie, incapable de s'élever au-dessus de l'agir, car inattentive à saisir les valeurs – et parfois pas même le sens des choses – qui permettraient de la juger et de l'orienter.

10. Cf. Conc. œcum. Vat. II; Const. Past sur l'Église dans le monde de ce temps *Gaudium et Spes*, n. 36; Paul VI, Lett. apost. *Octogesima adveniens* (14 mai 1971), n. 4: AAS 63 (1971), 403-404; *DC* 68 (1971) pp. 502-503; Jean-Paul II, Lett. enc. *Centesimus annus* (1er mai 1991), n. 43: AAS 83 (1991), 847; *DC* 88 (1991) p. 540.

11. Paul VI, Lett. enc. *Populorum progressio* (26 mars 1967), n. 13: *loc. cit.*, 263-264; *DC* 64 (1967) col. 679.

La fidélité à l'homme exige *la fidélité à la vérité* qui, seule, *est la garantie de la liberté* (cf. *Jn* 8, 32) *et de la possibilité d'un développement humain intégral.* C'est pour cela que l'Église la recherche, qu'elle l'annonce sans relâche et qu'elle la reconnaît partout où elle se manifeste. Cette mission de vérité est pour l'Église une mission impérative. Sa doctrine sociale est un aspect particulier de cette annonce : c'est un service rendu à la vérité qui libère. Ouverte à la vérité, quel que soit le savoir d'où elle provient, la doctrine sociale de l'Église est prête à l'accueillir. Elle rassemble dans l'unité les fragments où elle se trouve souvent disséminée et elle l'introduit dans le vécu toujours nouveau de la société des hommes et des peuples[12].

12. Cf. Conseil pontifical pour la Justice et la Paix, *Compendium de la Doctrine Sociale de l'Église*, n. 76.

Chapitre I

LE MESSAGE DE *POPULORUM PROGRESSIO*

10. Plus de quarante ans après la publication de *Populorum progressio*, sa relecture nous invite à rester fidèles à son message de charité et de vérité, en le replaçant dans le cadre du magistère propre de Paul VI et, plus généralement, à l'intérieur de la tradition de la doctrine sociale de l'Église. Par ailleurs, il faut évaluer les multiples termes dans lesquels se pose aujourd'hui, à la différence d'alors, le problème du développement. Le point de vue correct est donc celui de la *Tradition de la foi des Apôtres*[13], patrimoine ancien et nouveau hors duquel *Populorum progressio* serait un document privé de racines et les questions liées au développement se réduiraient uniquement à des données d'ordre sociologique.

11. *Populorum progressio* fut publiée immédiatement après la conclusion du Concile œcuménique Vatican II. Dès ses premiers paragraphes, l'encyclique affirme son rapport intime avec le Concile[14]. Vingt ans plus tard, dans *Sollicitudo rei socialis*, Jean-Paul II soulignait à son tour le rapport fécond de cette encyclique avec le Concile et, en particulier,

---

13. Cf. Benoît XVI, *Discours d'inauguration de la Ve Conférence générale de l'Épiscopat d'Amérique latine et des Caraibes*, Aparecida 13 mai 2007; *DC* 104 (2007) pp. 532-541.

14. Cf. Paul VI, Lett. enc. *Populorum progressio* (26 mars 1967), nn. 3.4.5: *loc. cit.*, 258-260; *DC* 64 (1967) col. 675-676.

avec la Constitution pastorale *Gaudium et Spes*[15]. Je désire moi aussi rappeler ici l'importance du Concile Vatican II pour l'encyclique de Paul VI et, à sa suite, pour tout le magistère social des Souverains pontifes. Le Concile a approfondi tout ce qui appartient depuis toujours à la vérité de la foi, c'est-à-dire que l'Église, qui est au service de Dieu, est au service du monde selon les critères de l'amour et de la vérité. C'est précisément de cette vision que partait Paul VI pour nous faire part de deux grandes vérités. La première est que *toute l'Église, dans tout son être et tout son agir, tend à promouvoir le développement intégral de l'homme quand elle annonce, célèbre et œuvre dans la charité*. Elle a un rôle public qui ne se borne pas à ses activités d'assistance ou d'éducation, mais elle déploie toutes ses énergies au service de la promotion de l'homme et de la fraternité universelle quand elle peut jouir d'un régime de liberté. Dans bien des cas, cette liberté est entravée par des interdictions et des persécutions, ou même limitée quand la présence publique de l'Église est réduite à ses seules activités caritatives. La seconde vérité est que *le développement authentique de l'homme concerne unitairement la totalité de la personne dans chacune de ses dimensions*[16]. Sans la perspective d'une vie éternelle, le progrès humain demeure en ce monde privé de souffle. Enfermé à l'intérieur de l'histoire, il risque de se réduire à la seule croissance de l'avoir. L'humanité perd ainsi le courage d'être disponible pour les biens plus élevés, pour les grandes initiatives désintéressées qu'exige la charité universelle. L'homme ne se développe pas seulement par ses propres forces, et le développement ne peut pas lui être simplement offert. Tout au long de l'histoire, on a souvent pensé que la création d'institutions suffisait à garantir à

---

15. Cf. Jean-Paul II, Lett. enc. *Sollicitudo rei socialis* (30 décembre 1987), nn. 6.7 : AAS 80 (1988), 517-519 ; *DC* 85 (1988) p. 235.
16. Cf. Paul VI, Lett. enc. *Populorum progressio* (26 mars 1967), n. 14 : *loc. cit.*, 264 ; *DC* 64 (1967) col. 679.

l'humanité la satisfaction du droit au développement. Malheureusement, on a placé une confiance excessive dans de telles institutions, comme si elles pouvaient atteindre automatiquement le but recherché. En réalité, les institutions ne suffisent pas à elles seules, car le développement intégral de l'homme est d'abord une vocation et suppose donc que tous prennent leurs responsabilités de manière libre et solidaire. Un tel développement demande, en outre, une vision transcendante de la personne ; il a besoin de Dieu : sans Lui, le développement est nié ou confié aux seules mains de l'homme, qui s'expose à la présomption de se sauver par lui-même et finit par promouvoir un développement déshumanisé. D'autre part, seule la rencontre de Dieu permet de ne pas "voir dans l'autre que l'autre[17]", mais de reconnaître en lui l'image de Dieu, parvenant ainsi à découvrir vraiment l'autre et à développer un amour qui "devienne soin de l'autre pour l'autre[18]".

12. Le lien existant entre *Populorum progressio* et le Concile Vatican II ne représente pas une coupure entre le magistère social de Paul VI et celui des Papes qui l'avaient précédé, étant donné que le Concile est un approfondissement de ce magistère dans la continuité de la vie de l'Église[19]. En ce sens, certaines subdivisions abstraites de la doctrine sociale de l'Église sont aujourd'hui proposées qui ne contribuent pas à clarifier les choses, car elles appliquent à l'enseignement social pontifical des catégories qui lui sont étrangères. Il n'y a pas deux typologies différentes de doctrine sociale, l'une préconciliaire et l'autre post-conciliaire, mais *un unique enseignement,*

---

17. Benoît XVI, Lett. enc. *Deus caritas est* (25 décembre 2005), n. 18 : AAS 98 (2006), 232 ; *DC* 103 (2006) p. 175.

18. *Ibid.*, n. 6 : *loc. cit.*, 222 ; *DC, ibid.* p. 169.

19. Cf. Benoît XVI, *Discours à la Curie Romaine pour la présentation des vœux de Noël* ; *L'Osservatore Romano* en langue française (par la suite : *Oss. Rom. fr.*) n. 52 (2005) pp. 3-5.

cohérent et en même temps toujours nouveau[20]. Il est juste de remarquer les caractéristiques propres à chaque encyclique, à l'enseignement de chaque Pontife, mais sans jamais perdre de vue la cohérence de l'ensemble du corpus doctrinal[21]. Cohérence ne signifie pas fermeture, mais plutôt fidélité dynamique à une lumière reçue. La doctrine sociale de l'Église éclaire d'une lumière qui ne change pas les problèmes toujours nouveaux qui surgissent[22]. Cela préserve le caractère à la fois permanent et historique de ce « patrimoine » doctrinal[23] qui, avec ses caractéristiques spécifiques, appartient à la Tradition toujours vivante de l'Église[24]. La doctrine sociale est construite sur le fondement transmis par les Apôtres aux Pères de l'Église, reçu et approfondi ensuite par les grands Docteurs chrétiens. Cette doctrine renvoie en définitive à l'Homme nouveau, au « dernier Adam qui est devenu l'être spirituel qui donne vie » (1 *Co* 15, 45), principe de la charité qui « ne passera jamais » (1 *Co* 13, 8). Elle reçoit le témoignage des saints et de tous ceux qui ont donné leurs vies pour le Christ Sauveur dans le domaine de la justice et de la paix. En elle, s'exprime la mission prophétique des Souverains pontifes : guider d'une manière apostolique l'Église du Christ et discerner les nouvelles exigences de l'évangélisation. C'est pour ces raisons que *Populorum progressio*, inscrite dans le grand courant de la Tradition, est encore en mesure de nous parler aujourd'hui.

13. Outre son rapport avec l'ensemble de la doctrine sociale de l'Église, *Populorum progressio est étroitement liée à*

---

20. Cf. Jean-Paul II, Lett. enc. *Sollicitudo rei socialis* (30 décembre 1987), n. 3 : *loc. cit.*, 515 ; *DC* 85 (1988) p. 234.
21. Cf. *ibid.* n. 1 : *loc. cit.*, 513-514 ; *DC* 85 (1988) p. 234.
22. Cf. *ibid.* n. 3 : *loc. cit.*, 515 ; *DC* 85 (1988) p. 234.
23. Jean-Paul II, Lett. enc. *Laborem exercens* (14 septembre 1981), n. 3 : AAS 73 (1981), 583-584 ; *DC* 78 (1981) p. 837.
24. Cf. Jean-Paul II, Lett. enc. *Centesimus annus* (1er mai 1991), n. 3 : *loc. cit.*, 794-796 ; *DC* 88 (1991) pp. 518-519.

tout le magistère de Paul VI et, en particulier, à son magistère social. Cet enseignement social fut d'une grande portée : il réaffirma l'importance déterminante de l'Évangile pour l'édification d'une société de liberté et de justice, dans la perspective idéale et historique d'une civilisation animée par l'amour. Paul VI comprit clairement que la question sociale était devenue mondiale[25] et il saisit l'interaction existant entre l'élan vers l'unification de l'humanité et l'idéal chrétien d'une unique famille des peuples, solidaire dans une commune fraternité. *Il désigna le développement, compris au sens humain et chrétien, comme le cœur du message social chrétien* et proposa la charité chrétienne comme force principale au service du développement. Poussé par le désir de rendre l'amour du Christ pleinement visible à ses contemporains, Paul VI affronta avec décision d'importantes questions morales, sans céder aux faiblesses culturelles de son temps.

14. Dans la lettre apostolique *Octogesima adveniens* de 1971, Paul VI aborda par la suite la question du sens de la politique et du *péril représenté par des visions utopiques et idéologiques* qui compromettaient sa qualité éthique et humaine. Il s'agit de sujets étroitement liés au développement. Malheureusement, les idéologies néfastes ne cessent de fleurir. Conscient du grand danger de confier à la seule technique tout le processus du développement, qui ainsi demeurerait sans ligne directrice, Paul VI avait déjà mis en garde contre l'idéologie technocratique, particulièrement forte aujourd'hui[26]. Considérée en elle-même, la technique est ambivalente. Si, d'un côté, certains tendent aujourd'hui à lui confier la totalité du processus de développement, de l'autre on assiste à la naissance d'idéologies qui nient *in toto*

---

25. Cf. Paul VI, Lett. enc. *Populorum progressio* (26 mars 1967), n. 3 : *loc. cit.*, 258 ; *DC* 64 (1967) col. 675.
26. Cf. *ibid.*, n. 34 : *loc. cit.*, 274 ; *DC* 64 (1967) col. 686.

l'utilité même du développement, qu'elles considèrent comme foncièrement antihumain et exclusivement facteur de dégradation. Ainsi, finit-on par condamner non seulement l'orientation parfois fausse et injuste que les hommes donnent au progrès, mais aussi les découvertes scientifiques elles-mêmes qui, utilisées à bon escient, constituent au contraire une occasion de croissance pour tous. L'idée d'un monde sans développement traduit une défiance à l'égard de l'homme et de Dieu. C'est donc une grave erreur que de mépriser les capacités humaines de contrôler les déséquilibres du développement ou même d'ignorer que l'homme est constitutivement tendu vers l'« être davantage ». Absolutiser idéologiquement le progrès technique ou aspirer à l'utopie d'une humanité revenue à son état premier de nature sont deux manières opposées de séparer le progrès de son évaluation morale et donc de notre responsabilité.

15. Deux autres documents de Paul VI sont moins directement liés à la doctrine sociale : l'encyclique *Humanæ vitæ* du 25 juillet 1968 et l'exhortation apostolique *Evangelii nuntiandi* du 8 décembre 1975. Ils sont cependant très importants pour discerner *le sens pleinement humain du développement proposé par l'Église*. Il est donc opportun de les lire en les mettant eux aussi en relation avec *Populorum progressio*.

L'encyclique *Humanæ vitæ* souligne la signification tout à la fois unitive et procréative de la sexualité, posant ainsi comme fondement de la société le couple des époux, homme et femme, qui se reçoivent l'un l'autre dans la distinction et dans la complémentarité ; en tant donc que couple ouvert à la vie[27]. Il ne s'agit pas ici de morale purement individuelle :

---

27. Cf. nn. 8-9 : AAS 60 (1968), 485-487 ; *DC* 65 (1968) col. 1445-1446 ; Benoît XVI, *Audience au Congrès International organisé à l'occasion du 40e anniversaire d'*Humanæ vitæ, 10 mai 2008 ; *Oss. Rom. fr.* n. 20 (2008) p. 5.

Humanæ vitæ montre *les liens forts qui existent entre éthique de la vie et éthique sociale*, en inaugurant une thématique magistérielle qui a pris corps dans différents documents, et finalement dans l'encyclique *Evangelium vitæ* de Jean-Paul II[28]. L'Église propose avec force ce lien entre éthique de la vie et éthique sociale, consciente qu'une société ne peut « avoir des bases solides si, tout en affirmant des valeurs comme la dignité de la personne, la justice et la paix, elle se contredit radicalement en acceptant et en tolérant les formes les plus diverses de mépris et de violation de la vie humaine, surtout si elle est faible et marginalisée[29] ».

L'exhortation apostolique *Evangelii nuntiandi*, pour sa part, est très étroitement liée au développement, dans la mesure où « l'évangélisation – comme l'écrivait Paul VI – ne serait pas complète si elle ne tenait pas compte des rapports concrets et permanents qui existent entre l'Évangile et la vie personnelle et sociale de l'homme[30] ». « Entre l'évangélisation et la promotion humaine – développement, libération – il y a en effet des liens profonds[31] »: conscient de cela, Paul VI établissait un rapport clair entre l'annonce du Christ et la promotion de la personne dans la société. *Le témoignage de la charité du Christ à travers des œuvres de justice, de paix et de développement fait partie de l'évangélisation* car, pour Jésus Christ, qui nous aime, l'homme tout entier est important. C'est sur ces enseignements importants que se fonde l'aspect missionnaire[32] de la doctrine sociale de l'Église en tant que composante essentielle de l'évangélisation[33].

---

28. Lett. enc. *Evangelium vitæ* (25 mars 1995), n. 93: AAS 87 (1995), 507-508; *DC* 92 (1995) pp. 397-398.
29. Cf. *ibid.*, n. 101 : *loc. cit.*, 516-518; *DC* 92 (1995) p. 401-402.
30. n. 29: AAS 68 (1976), 25; *DC* 73 (1976) p. 6.
31. *Ibid.*, n. 31 : *loc. cit.*, 26; *DC* 73 (1976) p. 6.
32. Cf. Jean-Paul II, Lett. enc. *Sollicitudo rei socialis* (30 décembre 1987), n. 41: *loc. cit.*, 570-572; *DC* 85 (1988) p. 251.
33. Cf. *ibid.*; Idem, Lett. enc. *Centesimus annus* (1er mai 1991), nn. 5.54: *loc. cit.*, 799.859-860; *DC* 88 (1991) pp. 520-521, 545-546.

La doctrine sociale de l'Église est annonce et témoignage de foi. C'est un instrument et un lieu indispensable de l'éducation de la foi.

16. Dans *Populorum progressio*, Paul VI a voulu nous dire, avant tout, que le progrès, dans son apparition et son essence, est une vocation : « Dans le dessein de Dieu, chaque homme est appelé à se développer car toute vie est vocation[34]. » C'est précisément ce qui autorise l'Église à intervenir dans les problématiques du développement. Si ce dernier ne concernait que des aspects techniques de la vie de l'homme, et non le sens de sa marche dans l'Histoire avec ses autres frères ou la définition du but d'un tel cheminement, l'Église n'aurait aucun titre pour en parler. Comme Léon XIII dans *Rerum novarum*[35], Paul VI était conscient de s'acquitter d'un devoir propre à sa charge, en projetant la lumière de l'Évangile sur les questions sociales de son temps[36].

Définir *le développement comme une vocation*, c'est reconnaître, d'un côté, qu'il naît d'un appel transcendant et, de l'autre, qu'il est incapable de se donner par lui-même son sens propre ultime. Ce n'est pas sans raison que le mot "vocation" revient dans un autre passage de l'encyclique, où il est affirmé : « Il n'y a donc d'humanisme vrai qu'ouvert à l'Absolu, dans la reconnaissance d'une vocation, qui donne l'idée vraie de la vie humaine[37] ». Cette vision du développement

34. N. 15 : *loc. cit.*, 265 ; *DC* 64 (1967) col. 679.

35. Cf. *ibid.*, n. 2 ; *DC* 64 (1967) col. 675 ; Léon XIII, Lett. enc. *Rerum novarum* (15 mai 1891), n. 1 : *Leonis XIII P.M. Acta*, XI, Romæ 1892, 97 ; Jean-Paul II, Lett. enc. *Sollicitudo rei socialis* (30 décembre 1987), n. 8 : *loc. cit.*, 519-520 ; *DC* 85 (1988) pp. 235-236 ; Idem., Lett. enc. *Centesimus annus* (1er mai 1991), n. 5 : *loc. cit.*, 799 ; *DC* 88 (1991) pp. 520-521.

36. Cf. Paul VI, Lett. enc. *Populorum progressio* (26 mars 1967), nn. 2. 13 ; *DC* 64 (1967) col. 675. 679.

37. *Ibid.*, n. 42 : *loc. cit.*, 278 ; *DC* 64 (1967) col. 689.

est le cœur de *Populorum progressio* et anime toutes les réflexions de Paul VI sur la liberté, la vérité et la charité dans le développement. C'est la raison principale pour laquelle cette encyclique demeure encore actuelle de nos jours.

17. La vocation est un appel qui réclame une réponse libre et responsable. *Le développement humain intégral suppose la liberté responsable* de la personne et des peuples : aucune structure ne peut garantir ce développement en dehors et au-dessus de la responsabilité humaine. Les « messianismes prometteurs, mais bâtisseurs d'illusions[38] » fondent toujours leurs propositions sur la négation de la dimension transcendante du développement, étant certains de l'avoir tout entier à leur disposition. Cette fausse sécurité se change en faiblesse, parce qu'elle entraîne l'asservissement de l'homme, réduit à n'être qu'un moyen en vue du développement, tandis que l'humilité de celui qui accueille une vocation se transforme en autonomie véritable, parce qu'elle libère la personne. Paul VI ne doute pas que des obstacles et des conditionnements freinent le développement, mais il reste certain que « chacun demeure, quelles que soient les influences qui s'exercent sur lui, l'artisan principal de sa réussite ou de son échec[39] ». Cette liberté concerne le développement qui a lieu sous nos yeux, mais aussi, en même temps, les situations de sous-développement qui ne sont pas le fruit du hasard ou d'une nécessité historique, mais qui dépendent de la responsabilité humaine. C'est pourquoi « les peuples de la faim interpellent aujourd'hui de façon dramatique les peuples de l'opulence[40] ». Il s'agit là

---

38. *Ibid.*, n. 11 ; *DC* 64 (1967) col. 678 ; cf. Jean-Paul II, Lett. enc. *Centesimus annus* (1er mai 1991), n. 25 : *loc. cit.*, 822-824 ; *DC* 88 (1991) pp. 230-231.

39. Paul VI, Lett. enc. *Populorum progressio* (26 mars 1967), n. 15 : *loc. cit.*, 265 ; *DC* 64 (1967) col. 679.

40. *Ibid.*, n. 3 : *loc. cit.*, 258 ; *DC* 64 (1967) col. 675.

encore d'une vocation, en tant qu'appel adressé par des hommes libres à des hommes libres pour qu'ils prennent ensemble leurs responsabilités. Paul VI eut une compréhension pénétrante de l'importance des structures économiques et des institutions, mais il perçut tout aussi clairement qu'elles étaient des instruments au service de la liberté humaine. Le développement ne peut être intégralement humain que s'il est libre; seul un régime de liberté responsable lui permet de se développer de façon juste.

18. Outre la liberté, *le développement intégral de l'homme comme vocation exige aussi qu'on en respecte la vérité*. La vocation au progrès pousse les hommes à « faire, connaître et avoir plus, pour être plus[41] ». Mais là est le problème: que signifie « être davantage »? À cette question, Paul VI répond en indiquant la caractéristique essentielle du développement authentique: il « doit être intégral, c'est-à-dire promouvoir tout homme et tout l'homme[42] ». Parmi les différentes visions concurrentes de l'homme proposées dans la société d'aujourd'hui plus encore qu'au temps de Paul VI, la vision chrétienne a la particularité d'affirmer et de justifier la valeur inconditionnelle de la personne humaine et le sens de sa croissance. La vocation chrétienne au développement aide à poursuivre la promotion de tous les hommes et de tout l'homme. Paul VI écrivait: « Ce qui compte pour nous, c'est l'homme, chaque homme, chaque groupement d'hommes, jusqu'à l'humanité tout entière[43]. » La foi chrétienne se préoccupe du développement sans s'appuyer sur des privilèges ou sur des positions de pouvoir,

---

41. *Ibid.*, n. 6: *loc. cit.*, 260; *DC* 64 (1967) col. 676.
42. *Ibid.*, n. 14: *loc. cit.*, 264; *DC* 64 (1967) col. 679.
43. *Ibid.*; cf. Jean-Paul II, Lett. enc. *Centesimus annus* (1er mai 1991), nn. 53-62: *loc. cit.*, 859-867; *DC* 88 (1991) pp. 545-548; Idem, Lett. enc. *Redemptor hominis* (4 mars 1979), n. 13-14: AAS 71 (1979), 282-286; *DC* 76 (1979) pp. 308-309.

ni même sur les mérites des chrétiens qui ont certes existé et existent encore aujourd'hui en même temps que leurs limites naturelles[44], mais uniquement sur le Christ, à qui doit être rapportée toute vocation authentique au développement humain intégral. *L'Évangile est un élément fondamental du développement*, parce qu'en lui le Christ, « dans la révélation même du mystère du Père et de son amour, manifeste pleinement l'homme à lui-même[45] ». Éduquée par son Seigneur, l'Église scrute les signes des temps et les interprète et elle offre au monde « ce qu'elle possède en propre : une vision globale de l'homme et de l'humanité[46] ». Précisément parce que Dieu prononce le plus grand « oui » à l'homme[47], l'homme ne peut faire moins que de s'ouvrir à l'appel divin pour réaliser son propre développement. La vérité du développement réside dans son intégralité : s'il n'est pas de tout l'homme et de tout homme, le développement n'est pas un vrai développement. Tel est le centre du message de *Populorum progressio*, valable aujourd'hui et toujours. Le développement humain intégral sur le plan naturel, réponse à un appel du Dieu créateur[48], demande de trouver sa vérité dans un « humanisme transcendant, qui [...] donne [à l'homme] sa plus grande plénitude : telle est la finalité suprême du développement personnel[49] ». La vocation chrétienne à ce développement concerne donc le plan naturel comme le plan surnaturel ; c'est pourquoi

---

44. Cf. Paul VI, Lett. enc. *Populorum progressio* (26 mars 1967), n. 12 : *loc. cit.*, 262-263 ; *DC* 64 (1967) col. 678.

45. Conc. œcum. Vat. II, Const. past sur l'Église dans le monde de ce temps *Gaudium et Spes*, n. 22.

46. Paul VI, Lett. enc. *Populorum progressio* (26 mars 1967), n. 13 : *loc. cit.*, 263-264 ; *DC* 64 (1967) col. 679.

47. Cf. Benoît XVI, *Discours aux participants du IVe Congrès ecclésial national italien*, Vérone, 19 octobre 2006, *Oss. Rom. fr.* n. 43 (2006) p. 3-4.

48. Cf. Paul VI, Lett. enc. *Populorum progressio* (26 mars 1967), n. 16 : *loc. cit.*, 265 ; *DC* 64 (1967) col. 680.

49. *Ibid.*

« quand Dieu est éclipsé, notre capacité de reconnaître l'ordre naturel, le but et le "bien" commence à s'évanouir[50] ».

19. Enfin, la vision du développement en tant que vocation implique que *la charité y occupe une place centrale*. Dans l'encyclique *Populorum progressio*, Paul VI observait que les causes du sous-développement ne sont pas d'abord d'ordre matériel. Il nous invitait à les rechercher dans d'autres dimensions de l'homme : tout d'abord dans la volonté, qui se désintéresse souvent des devoirs de la solidarité ; en second lieu, dans la pensée qui ne parvient pas toujours à orienter convenablement le vouloir. C'est pourquoi, dans la quête du développement, il faut « des sages de réflexion profonde, à la recherche d'un humanisme nouveau, qui permette à l'homme moderne de se retrouver lui-même[51] ». Mais ce n'est pas tout. Le sous-développement a une cause encore plus profonde que le déficit de réflexion : c'est « le manque de fraternité entre les hommes et entre les peuples[52] ». Cette fraternité, les hommes pourront-ils jamais la réaliser par eux seuls ? La société toujours plus globalisée nous rapproche, mais elle ne nous rend pas frères. La raison, à elle seule, est capable de comprendre l'égalité entre les hommes et d'établir une communauté de vie civique, mais elle ne parvient pas à créer la fraternité. Celle-ci naît d'une vocation transcendante de Dieu Père, qui nous a aimés en premier, nous enseignant par l'intermédiaire du Fils ce qu'est la charité fraternelle. Dans sa présentation des différents niveaux du processus de développement de l'homme, Paul VI, après avoir mentionné la foi, mettait au

---

50. Benoît XVI, *Discours aux jeunes*, Sydney 17 juillet 2008 ; *DC* 105 (2008) p. 778.

51. Paul VI, Lett. enc. *Populorum progressio* (26 mars 1967), n. 20 : *loc. cit.*, 267 ; *DC* 64 (1967) col. 681.

52. *Ibid.*, n. 66 : *loc. cit.*, 289-290 ; *DC* 64 (1967) col. 696.

sommet « l'unité dans la charité du Christ qui nous appelle tous à participer en fils à la vie du Dieu vivant, Père de tous les hommes[53] ».

20. Ces perspectives, ouvertes par *Populorum progressio*, demeurent fondamentales pour donner une envergure et une orientation à notre engagement au service du développement des peuples. *Populorum progressio* souligne ensuite à plusieurs reprises l'urgence des réformes[54] et demande que, face aux grands problèmes de l'injustice dans le développement des peuples, on agisse avec courage et sans retard. *Cette urgence est dictée aussi par l'amour dans la vérité.* C'est la charité du Christ qui nous pousse : « *Caritas Christi urget nos* » (2 *Co* 5, 14). L'urgence n'est pas seulement inscrite dans les choses ; elle ne découle pas uniquement de la pression des événements et des problèmes, mais aussi de ce qui est proprement en jeu : la réalisation d'une authentique fraternité. L'importance de cet objectif est telle qu'elle exige que nous la comprenions pleinement et que nous nous mobilisions concrètement avec le "cœur", pour faire évoluer les processus économiques et sociaux actuels vers des formes pleinement humaines.

53. *Ibid.*, n. 21 : *loc. cit.*, 267-268 ; *DC* 64 (1967) col. 681.
54. Cf. nn. 3.29.32 : *loc. cit.*, 258.272.273 ; *DC* 64 (1967) col. 675. 684-685.

Chapitre II

LE DÉVELOPPEMENT HUMAIN AUJOURD'HUI

21. Paul VI avait *une vision structurée du développement.* Par le terme « développement », il voulait désigner avant tout l'objectif de faire sortir les peuples de la faim, de la misère, des maladies endémiques et de l'analphabétisme. Du point de vue économique, cela signifiait leur participation active, dans des conditions de parité, à la vie économique internationale ; du point de vue social, leur évolution vers des sociétés instruites et solidaires ; du point de vue politique, la consolidation de régimes démocratiques capables d'assurer la paix et la liberté. Après tant d'années, alors que nous observons avec préoccupation le développement des crises qui se succèdent en ces temps, ainsi que leurs conséquences, *nous nous demandons dans quelle mesure les attentes de Paul VI ont été satisfaites* par le modèle de développement qui a été adopté au cours de ces dernières décennies. Nous devons reconnaître que les préoccupations de l'Église étaient fondées quant aux capacités de l'homme purement 'technologique' à savoir se donner des objectifs réalistes et à toujours savoir bien gérer les outils à sa disposition. Le profit est utile si, en tant que moyen, il est orienté vers un but qui lui donne un sens relatif aussi bien à la façon de le créer que de l'utiliser. La visée exclusive du profit, s'il est produit de façon mauvaise ou s'il n'a pas le bien commun pour but ultime, risque de détruire la richesse et d'engendrer la pauvreté. Le développement économique

que Paul VI souhaitait devait être en mesure de produire une croissance réelle, qui s'étende à tous et soit concrètement durable. Il est vrai que le développement a eu lieu et qu'il continue d'être un facteur positif qui a tiré de la misère des milliards de personnes et que, récemment encore, il a permis à de nombreux pays de devenir des acteurs réels de la politique internationale. Toutefois, il faut reconnaître que ce même développement économique a été et continue d'être obéré par *des déséquilibres et par des problèmes dramatiques*, mis encore davantage en relief par l'actuelle situation de crise. Celle-ci nous met sans délai face à des choix qui sont toujours plus étroitement liés au destin même de l'homme, qui par ailleurs ne peut faire abstraction de sa nature. Les forces techniques employées, les échanges planétaires, les effets délétères sur l'économie réelle d'une activité financière mal utilisée et, qui plus est, spéculative, les énormes flux migratoires, souvent provoqués et ensuite gérés de façon inappropriée, l'exploitation anarchique des ressources de la terre, nous conduisent aujourd'hui à réfléchir sur les mesures nécessaires pour résoudre des problèmes qui non seulement sont nouveaux par rapport à ceux qu'affrontait le pape Paul VI, mais qui ont aussi, et surtout, un impact décisif sur le bien présent et futur de l'humanité. Les aspects de la crise et de ses solutions, ainsi qu'un nouveau et possible développement futur, sont toujours plus liés les uns aux autres. Ils s'impliquent réciproquement et ils requièrent des efforts renouvelés de compréhension globale et une *nouvelle synthèse humaniste.* La complexité et la gravité de la situation économique actuelle nous préoccupent à juste titre, mais nous devons assumer avec réalisme, confiance et espérance les nouvelles responsabilités auxquelles nous appelle la situation d'un monde qui a besoin de se renouveler en profondeur au niveau culturel et de redécouvrir les valeurs de fond sur lesquelles construire un avenir meilleur. La crise nous oblige à reconsidérer notre itinéraire, à nous donner de nouvelles règles et à trouver de nouvelles formes d'engagement, à miser sur les expériences positives et à rejeter celles qui sont négatives. La crise devient ainsi *une occasion de discernement* et elle met en *capacité d'élaborer de nouveaux projets*. C'est dans cette optique, confiants plutôt que résignés, qu'il convient d'affronter les difficultés du moment présent.

22. Le cadre du développement est aujourd'hui *multipolaire*. Les acteurs et les causes du sous-développement comme du développement sont multiples, les erreurs et les mérites le sont aussi. Cette donnée devrait conduire à se libérer des idéologies, qui simplifient souvent de façon artificielle la réalité, et à examiner avec objectivité la dimension humaine des problèmes. La ligne de démarcation entre pays riches et pauvres n'est plus aussi nette qu'aux temps de *Populorum progressio*, comme l'avait déjà indiqué Jean-Paul II[55]. *La richesse mondiale croît en terme absolu, mais les inégalités augmentent*. Dans les pays riches, de nouvelles catégories sociales s'appauvrissent et de nouvelles pauvretés apparaissent. Dans des zones plus pauvres, certains groupes jouissent d'une sorte de surdéveloppement où consommation et gaspillage vont de pair, ce qui contraste de façon inacceptable avec des situations permanentes de misère déshumanisante. « Le scandale de disparités criantes[56] » demeure. La corruption et le non respect des lois existent malheureusement aussi bien dans le comportement des acteurs économiques et politiques des pays riches, anciens et nouveaux, que dans les pays pauvres. Ceux qui ne respectent pas les droits humains des travailleurs dans les différents pays sont aussi bien de grandes entreprises

55. Cf. Jean-Paul II, Lett. enc. *Sollicitudo rei socialis* (30 décembre 1987), n. 28 : *loc. cit.*, 548-550 ; *DC* 85 (1988) p. 244.

56. Paul VI, Lett. enc. *Populorum progressio* (26 mars 1967), n. 9 : *loc. cit.*, 261-262 ; *DC* 64 (1967) col. 677.

multinationales que des groupes de production locale. Les aides internationales ont souvent été détournées de leur destination, en raison d'irresponsabilités qui se situent aussi bien dans la chaîne des donateurs que des bénéficiaires. Nous pouvons aussi identifier le même enchaînement de responsabilités dans les causes immatérielles et culturelles du développement et du sous-développement. Il existe des formes excessives de protection des connaissances de la part des pays riches à travers l'utilisation trop stricte du droit à la propriété intellectuelle, particulièrement dans le domaine de la santé. En même temps, dans certains pays pauvres, subsistent des modèles culturels et des normes sociales de comportement qui ralentissent le processus de développement.

23. Bien que de façon fragile et non homogène, de nombreuses régions du globe se sont aujourd'hui développées, entrant au nombre des grandes puissances destinées à jouer un rôle important dans l'avenir. Il faut néanmoins souligner *qu'il n'est pas suffisant de progresser du seul point de vue économique et technologique*. Il faut avant tout que le développement soit vrai et intégral. Sortir du retard économique, fait en soi positif, ne résout pas la problématique complexe de la promotion de l'homme, ni pour les pays bénéficiaires de ces avancées, ni pour les pays déjà économiquement développés, ni non plus pour ceux qui restent pauvres ; ceux-ci peuvent également souffrir, en dehors des anciennes formes d'exploitation, des conséquences néfastes provenant d'une croissance marquée par des dévoiements et des déséquilibres.

Après l'écroulement du système économique et politique des pays communistes de l'Europe de l'Est et la fin de ce que l'on appelait les blocs opposés, une nouvelle réflexion globale sur le développement aurait été nécessaire. Jean-Paul II l'avait demandée, lui qui, en 1987, avait indiqué l'existence de ces *blocs* comme une des principales causes du sous-développement[57], dans la mesure où la politique soustrayait des ressources à l'économie et à la culture et que l'idéologie étouffait la liberté. En 1991, après les événements de 1989, il avait aussi réclamé que, à la fin des *blocs*, corresponde une refonte globale du développement, non seulement dans ces pays, mais aussi en Occident et dans les régions du monde qui se développaient[58]. Cela n'est advenu que partiellement et continue d'être un devoir réel qu'il convient d'honorer, éventuellement en mettant vraiment à profit les choix nécessaires pour dépasser les problèmes économiques actuels.

24. Le monde que le pape Paul VI avait sous les yeux, même si le processus de socialisation était déjà suffisamment avancé pour qu'il puisse parler d'une question sociale devenue mondiale, était alors beaucoup moins intégré que celui d'aujourd'hui. L'activité économique et la fonction politique s'exerçaient en grande partie à l'intérieur du même espace et pouvaient donc s'appuyer l'une sur l'autre. L'activité de production s'inscrivait principalement à l'intérieur des frontières nationales et les investissements financiers avaient une dimension plutôt limitée à l'étranger, si bien que la politique de nombreux États pouvait encore fixer les priorités de l'économie et, d'une certaine façon, en orienter le fonctionnement avec les instruments dont elle disposait. Pour cette raison, l'encyclique *Populorum progressio* assignait un rôle central, toutefois de façon non exclusive, aux « pouvoirs publics »[59].

---

57. Cf. Lett. enc. *Sollicitudo rei socialis* (30 décembre 1987), n. 20 : *loc. cit.*, 536-537 ; *DC* 85 (1988) pp. 240-241.

58. Cf. Jean-Paul II, Lett. enc. *Centesimus annus* (1er mai 1991), *passim* ; *DC* 88 (1991) pp. 518-550, *passim*.

59. Cf. nn. 23.33 : *loc. cit.*, 268-269.273-274 ; *DC* 64 (1967) col. 682. 685-686.

À notre époque, l'État se trouve dans la situation de devoir faire face aux limites que pose à sa souveraineté le nouveau contexte commercial et financier international, marqué par une mobilité croissante des capitaux financiers et des moyens de productions matériels et immatériels. Ce nouveau contexte a modifié le pouvoir politique des États.

Aujourd'hui, fort des leçons données par l'actuelle crise économique où les *pouvoirs publics* de l'État sont directement impliqués dans la correction des erreurs et des dysfonctionnements, *une évaluation nouvelle de leur rôle* et de leur pouvoir semble plus réaliste ; ceux-ci doivent être sagement reconsidérés et repensés pour qu'ils soient en mesure, y compris à travers de nouvelles modalités d'exercice, de faire face aux défis du monde contemporain. À partir d'un rôle mieux ajusté des pouvoirs publics, on peut espérer que se renforceront les nouvelles formes de participation à la politique nationale et internationale qui voient le jour à travers l'action des organisations opérant dans la société civile. En ce sens, il est souhaitable que grandissent de la part des citoyens une attention et une participation plus larges à la *res publica*.

25. Du point de vue social, les systèmes de protection et de prévoyance qui existaient déjà dans de nombreux pays à l'époque de Paul VI, peinent et pourraient avoir plus de mal encore à l'avenir à poursuivre leurs objectifs de vraie justice sociale dans un cadre économique profondément modifié. Le marché devenu mondial a stimulé avant tout, de la part de pays riches, la recherche de lieux où délocaliser les productions à bas coût dans le but de réduire les prix d'un grand nombre de biens, d'accroître le pouvoir d'achat et donc d'accélérer le taux de croissance fondé sur une consommation accrue du marché interne. En conséquence, le marché a encouragé des formes nouvelles de compétition entre les États dans le but d'attirer les centres de production

des entreprises étrangères, à travers divers moyens, au nombre desquels une fiscalité avantageuse et la dérégulation du monde du travail. Ces processus ont entraîné *l'affaiblissement des réseaux de protection sociale* en contrepartie de la recherche de plus grands avantages de compétitivité sur le marché mondial, faisant peser de graves menaces sur les droits des travailleurs, sur les droits fondamentaux de l'homme et sur la solidarité mise en œuvre par les formes traditionnelles de l'État social. Les systèmes de sécurité sociale peuvent perdre la capacité de remplir leur mission dans les pays émergents et dans les pays déjà développés, comme dans des pays pauvres. Là, les politiques d'équilibre budgétaire, avec des coupes dans les dépenses sociales, souvent recommandées par les Institutions financières internationales, peuvent laisser les citoyens désarmés face aux risques nouveaux et anciens. Une telle impuissance est accentuée par le manque de protection efficace de la part des associations de travailleurs. L'ensemble des changements sociaux et économiques font que les *organisations syndicales* éprouvent de plus grandes difficultés à remplir leur rôle de représentation des intérêts des travailleurs, encore accentuées par le fait que les gouvernements, pour des raisons d'utilité économique, posent souvent des limites à la liberté syndicale ou à la capacité de négociation des syndicats eux-mêmes. Les réseaux traditionnels de solidarité se trouvent ainsi contraints de surmonter des obstacles toujours plus importants. L'invitation de la doctrine sociale de l'Église, formulée dès *Rerum novarum*[60], à susciter des associations de travailleurs pour la défense de leurs droits, est donc aujourd'hui plus pertinente encore qu'hier, ceci afin de donner avant tout une réponse immédiate et clairvoyante à l'urgence d'instaurer de nouvelles synergies au plan international comme au plan local.

---

60. Cf. *loc. cit.*, 135.

La *mobilité du travail*, liée à la déréglementation généralisée, a été un phénomène important, qui comportait des aspects positifs par sa capacité à stimuler la création de nouvelles richesses et l'échange entre différentes cultures. Toutefois, quand l'incertitude sur les conditions de travail, en raison des processus de mobilité et de déréglementation, devient endémique, surgissent alors des formes d'instabilité psychologique, des difficultés à construire un parcours personnel cohérent dans l'existence, y compris à l'égard du mariage. Cela a pour conséquence l'apparition de situations humaines dégradantes, sans parler du gaspillage social. Si l'on compare avec ce qui se passait dans la société industrielle du passé, le chômage entraîne aujourd'hui des aspects nouveaux de non sens économique et la crise actuelle ne peut qu'aggraver une telle situation. La mise à l'écart du travail pendant une longue période, tout comme la dépendance prolongée vis-à-vis de l'assistance publique ou privée, minent la liberté et la créativité de la personne ainsi que ses rapports familiaux et sociaux avec de fortes souffrances sur le plan psychologique et spirituel. Je voudrais rappeler à tous, et surtout aux gouvernants engagés à donner un nouveau profil aux bases économiques et sociales du monde, que *l'homme, la personne, dans son intégrité, est le premier capital à sauvegarder et à valoriser* : « En effet, c'est l'homme qui est l'auteur, le centre et la fin de toute la vie économico-sociale[61] ».

26. Sur le plan culturel, par rapport à l'époque de Paul VI, la différence est encore plus marquée. Les cultures avaient alors des contours plutôt bien définis et possédaient des capacités plus grandes pour se défendre contre les tentatives d'homogénéisation culturelle. Aujourd'hui, les occasions

---

61. Conc. œcum. Vat. II, Const. past. Sur l'Église dans le monde de ce temps *Gaudium et Spes*, n. 63.

d'*interaction entre les cultures* ont singulièrement augmenté ouvrant de nouvelles perspectives au dialogue interculturel ; un dialogue qui, pour être réel, doit avoir pour point de départ la conscience profonde de l'identité spécifique des différents interlocuteurs. On ne doit toutefois pas négliger le fait que la marchandisation accrue des échanges culturels favorise aujourd'hui un double danger. On note, en premier lieu, un *éclectisme culturel* assumé souvent de façon non-critique : les cultures sont simplement mises côte à côte et considérées comme substantiellement équivalentes et interchangeables entre elles. Cela favorise un glissement vers un relativisme qui n'encourage pas le vrai dialogue interculturel ; sur le plan social, le relativisme culturel conduit effectivement les groupes culturels à se rapprocher et à coexister, mais sans dialogue authentique et, donc, sans véritable intégration. En second lieu, il existe un danger constitué par le *nivellement culturel* et par l'uniformisation des comportements et des styles de vie. De cette manière, la signification profonde de la culture des différentes nations, des traditions des divers peuples, à l'intérieur desquelles la personne affronte les questions fondamentales de l'existence en vient à disparaître[62]. Éclectisme et nivellement culturel ont en commun de séparer la culture de la nature humaine. Ainsi, les cultures ne savent plus trouver leur mesure dans une nature qui les transcende[63], et elles finissent par réduire l'homme à un donné purement culturel. Quand cela advient, l'humanité court de nouveaux périls d'asservissement et de manipulation.

---

62. Cf. Jean-Paul II, Lett. enc. *Centesimus annus* (1er mai 1991), n. 24 : *loc. cit.*, 821-822 ; *DC* 88 (1991) p. 431.

63. Cf. Jean-Paul II, Lett. enc. *Veritatis splendor* (6 août 1993), nn. 33.46.51 : AAS 85 (1993), 1160.1169-1171 ; *DC* 90 (1993) pp. 913, 917, 918-920 ; Id., *Message à l'Assemblée des Nations-Unies*, 5 octobre 1995, 3 ; *DC* 92 (1995) p. 918.

27. Dans bien des pays pauvres, l'extrême insécurité vitale, qui est la conséquence des carences alimentaires, demeure et risque de s'aggraver : la *faim* fauche encore de très nombreuses victimes comme autant de Lazare auxquels il n'est pas permis de s'asseoir, comme le souhaitait Paul VI, à la table du mauvais riche[64]. *Donner à manger aux affamés* (*cf. Mt* 25, 35.37.42) est un impératif éthique pour l'Église universelle, qui répond aux enseignements de solidarité et de partage de son Fondateur, le Seigneur Jésus. Éliminer la faim dans le monde est devenu, par ailleurs, à l'ère de la mondialisation, une exigence à poursuivre pour sauvegarder la paix et la stabilité de la planète. La faim ne dépend pas tant d'une carence de ressources matérielles, que d'une carence de ressources sociales, la plus importante d'entre elles étant de nature institutionnelle. Il manque en effet une organisation des institutions économiques qui soit en mesure aussi bien de garantir un accès régulier et adapté du point de vue nutritionnel à la nourriture et à l'eau, que de faire face aux nécessités liées aux besoins primaires et aux urgences des véritables crises alimentaires, provoquées par des causes naturelles ou par l'irresponsabilité politique nationale ou internationale. Le problème de l'insécurité alimentaire doit être affronté dans une perspective à long terme, en éliminant les causes structurelles qui en sont à l'origine et en promouvant le développement agricole des pays les plus pauvres à travers des investissements en infrastructures rurales, en systèmes d'irrigation, de transport, d'organisation des marchés, en formation et en diffusion des techniques agricoles appropriées, c'est-à-dire susceptibles d'utiliser au mieux les ressources humaines, naturelles et socio-économiques les plus accessibles au niveau local,

---

64. Cf. Paul VI, Lett. enc. *Populorum progressio* (26 mars 1967), n. 47 : *loc. cit.*, 280-281 ; *DC* 64 (1967) col. 690-691 ; Jean-Paul II, Lett. enc. *Sollicitudo rei socialis* (30 décembre 1987), n. 42 : *loc. cit.*, 572-574 ; *DC* 85 (1988) p. 252.

de façon à garantir aussi leur durabilité sur le long terme. Tout cela doit être réalisé en impliquant les communautés locales dans les choix et les décisions relatives à l'usage des terres cultivables. Dans une telle perspective, il serait utile de considérer les nouvelles frontières qui sont ouvertes par l'usage correct des techniques de production agricole aussi bien traditionnelles qu'innovantes, à condition que ces dernières, ayant été étudiées attentivement, soient reconnues convenables, respectueuses de l'environnement et attentives aux populations les plus défavorisées. En même temps, la question d'une juste réforme agraire dans les pays en voie de développement ne devrait pas être négligée. Le droit à l'alimentation, de même que le droit à l'eau, revêtent un rôle important pour l'acquisition d'autres droits, en commençant avant tout par le droit fondamental à la vie. Il est donc nécessaire que se forme une conscience solidaire qui considère *l'alimentation et l'accès à l'eau comme droits universels de tous les êtres humains, sans distinction ni discrimination*[65]. Il est en outre important de souligner combien la voie de la solidarité pour le développement des pays pauvres peut constituer un projet de solution de la crise mondiale actuelle, comme des hommes politiques et des responsables d'Institutions internationales l'ont mis en évidence ces derniers temps. En soutenant les pays économiquement pauvres par des plans de financement inspirés par la solidarité, pour qu'ils pourvoient eux-mêmes à la satisfaction de la demande de biens de consommation et de développement provenant de leurs propres citoyens, non seulement on peut produire une vraie croissance économique, mais on peut aussi concourir à soutenir les capacités de production des pays riches qui risquent d'être compromises par la crise.

65. Cf. Benoît XVI, *Message à la FAO pour la Journée mondiale de l'alimentation 2007* : AAS 99 (2007), 933-935 ; *DC* 105 (2008) pp. 55-56.

28. Un des aspects les plus évidents du développement contemporain est l'importance du thème du *respect de la vie*, qui ne peut en aucun cas être disjoint des questions relatives au développement des peuples. Il s'agit d'un point qui depuis quelque temps prend une importance toujours plus grande, nous obligeant à élargir les concepts de pauvreté[66] et de sous-développement aux questions liées à l'accueil de la vie, surtout là où celle-ci est de diverses manières refusée.

Non seulement la pauvreté provoque encore dans de nombreuses régions un taux élevé de mortalité infantile, mais en plusieurs endroits du monde subsistent des pratiques de contrôle démographique par les instances gouvernementales, qui souvent diffusent la contraception et vont jusqu'à imposer l'avortement. Dans les pays économiquement plus développés, les législations contraires à la vie sont très répandues et ont désormais conditionné les coutumes et les usages, contribuant à diffuser une mentalité antinataliste que l'on cherche souvent à transmettre à d'autres États comme si c'était là un progrès culturel.

Certaines Organisations non-gouvernementales travaillent activement à la diffusion de l'avortement, et promeuvent parfois dans les pays pauvres l'adoption de la pratique de la stérilisation, y compris à l'insu des femmes. Par ailleurs, ce n'est pas sans fondement que l'on peut soupçonner les aides au développement d'être parfois liées à certaines politiques sanitaires impliquant de fait l'obligation d'un contrôle contraignant des naissances. Sont également préoccupantes les législations qui admettent l'euthanasie comme les pressions de groupes nationaux et internationaux qui en revendiquent la reconnaissance juridique.

L'*ouverture à la vie est au centre du vrai développement*. Quand une société s'oriente vers le refus et la suppression

---

66. Cf. Jean-Paul II, Lett. enc. *Evangelium vitæ* (25 mars 1995), nn. 18.59.63-64: *loc. cit.*, 419-421.467-468.472-475; *DC* 92 (1995) pp. 359, 381, 383, 384.

de la vie, elle finit par ne plus trouver les motivations et les énergies nécessaires pour œuvrer au service du vrai bien de l'homme. Si la sensibilité personnelle et sociale à l'accueil d'une nouvelle vie se perd, alors d'autres formes d'accueil utiles à la vie sociale se dessèchent[67]. L'accueil de la vie trempe les énergies morales et nous rend capables de nous aider mutuellement. En cultivant l'ouverture à la vie, les peuples riches peuvent mieux percevoir les besoins de ceux qui sont pauvres, éviter d'employer d'importantes ressources économiques et intellectuelles pour satisfaire les désirs égoïstes de leurs citoyens et promouvoir, en revanche, des actions bénéfiques en vue d'une production moralement saine et solidaire, dans le respect du droit fondamental de tout peuple et de toute personne à la vie.

29. Il y a encore un autre aspect de la réalité d'aujourd'hui, lié de façon très étroite au développement : c'est la négation du *droit à la liberté religieuse*. Je ne me réfère pas seulement aux luttes et aux conflits qui, dans le monde, ont des motifs religieux, même si parfois les raisons religieuses ne servent qu'à couvrir des raisons d'un autre genre, en l'occurrence la soif de pouvoir et de richesse. Comme mon prédécesseur Jean-Paul II[68] l'avait publiquement dit et déploré à plusieurs reprises et ainsi que je l'ai fait moi-même, de fait, aujourd'hui on tue souvent en invoquant le

67. Cf. Benoît XVI, *Message pour la Journée mondiale de la paix 2007*, n. 5 ; *DC* 104 (2007) p. 57.

68. Cf. Jean-Paul II, *Message pour la Journée mondiale de la Paix 2002*, nn. 4-7,12-15 : AAS 94 (2002), 134-136.138-140 ; *DC* 99 (2002) pp. 5-6, 7-8 ; Id., *Message pour la Journée mondiale de la Paix 2004*, n. 8 : AAS 96 (2004), 119 ; *DC* 101 (2004) pp. 7 ; Id., *Message pour la Journée mondiale de la Paix 2005*, n. 4 : AAS 97 (2005), 177-178 ; *DC* 102 (2005) p. 5 ; Benoît XVI, *Message pour la Journée mondiale de la Paix 2006*, nn. 9-10 : AAS 98 (2006), 60-61 ; *DC* 103 (2006) pp. 4-5 ; Id., *Message pour la Journée mondiale de la Paix 2007*, nn. 5.14 : *loc. cit.*, 778, 782-783 ; *DC* 104 (2007) pp. 57. 59-60.

saint nom de Dieu. Les violences freinent le développement authentique et empêchent la marche des peuples vers un plus grand bien-être socio-économique et spirituel. Cela s'applique spécialement au terrorisme de nature fondamentaliste[69], qui engendre douleur, dévastation et mort, bloque le dialogue entre les nations et détourne d'importantes ressources de leur usage pacifique et civil. Il faut néanmoins ajouter que, outre le fanatisme religieux qui, en certains milieux, empêche l'exercice du droit à la liberté religieuse, la promotion programmée de l'indifférence religieuse ou de l'athéisme pratique de la part de nombreux pays s'oppose, elle aussi, aux exigences du développement des peuples, en leur soustrayant l'accès aux ressources spirituelles et humaines. *Dieu est le garant du véritable développement de l'homme*, dans la mesure où, l'ayant créé à son image, Il en fonde aussi la dignité transcendante et alimente en lui la soif d'« être plus ». L'homme n'est pas un atome perdu dans un univers de hasard[70], mais il est une créature de Dieu, à qui Il a voulu donner une âme immortelle et qu'Il aime depuis toujours. Si l'homme n'était que le fruit du hasard ou de la nécessité, ou bien s'il devait réduire ses aspirations à l'horizon restreint des situations dans lesquelles il vit, si tout n'était qu'histoire et culture et si l'homme n'avait pas une nature destinée à être transcendée dans une vie surnaturelle, on pourrait parler de croissance ou d'évolution, mais pas de développement. Quand l'État promeut, enseigne, ou même impose, des formes d'athéisme pratique, il soustrait à ses citoyens la force morale et spirituelle indispensable pour s'engager en faveur du développement humain intégral et il

69. Cf. Jean-Paul II, *Message pour la Journée mondiale de la Paix 2002*, n. 6: *loc. cit.*, 135; *DC* 99 (2002) pp. 5-6; Benoît XVI, *Message pour la Journée mondiale de la Paix 2006*, nn. 9-10: *loc. cit.*, 60-61; *DC* 103 (2006) pp. 4-5.

70. Cf. Benoît XVI, *Homélie pour la messe sur l'Islinger Feld de Ratisbonne*, 12 septembre 2006; *DC* 103 (2006) pp. 921-923.

les empêche d'avancer avec un dynamisme renouvelé dans leur engagement pour donner une réponse humaine plus généreuse à l'amour de Dieu[71]. Il arrive aussi que les pays économiquement développés ou émergents exportent vers les pays pauvres, dans le contexte de leurs rapports culturels, commerciaux et politiques, cette vision réductrice de la personne et de sa destinée. C'est le dommage que le « surdéveloppement[72] » inflige au développement authentique, quand il s'accompagne d'un « sous-développement moral[73] ».

30. Dans cette perspective, le thème du développement humain intégral revêt une portée encore plus complexe : la corrélation entre ses multiples composantes exige qu'on s'efforce de *faire interagir les divers niveaux du savoir humain* en vue de la promotion d'un vrai développement des peuples. On estime souvent que le développement, ou les mesures socio-économiques qui s'y rapportent, demandent seulement à être mis en œuvre comme fruit d'un agir commun. Toutefois, cet agir commun a besoin d'être orienté, parce que « toute action sociale engage une doctrine[74] ». Compte tenu de la complexité des problèmes, il est évident que les différentes disciplines scientifiques doivent collaborer dans une interdisciplinarité ordonnée. La charité n'exclut pas le savoir, mais le réclame, le promeut et l'anime de l'intérieur. Le savoir n'est jamais seulement l'œuvre de l'intelligence. Il peut certainement être réduit à des calculs ou à des expériences, mais s'il veut être une sagesse capable de guider

71. Cf. Benoît XVI, Lett. enc. *Deus caritas est* (25 décembre 2005), n. 1 : *loc. cit.*, 217-218 ; *DC* 103 (2006) p. 166.

72. Jean-Paul II, Lett. enc. *Sollicitudo rei socialis* (30 décembre 1987), n. 2 8 : 548-550 ; *DC* 85 (1988) p. 244.

73. Paul VI, Lett. enc. *Populorum progressio* (26 mars 1967), n. 19 : *loc. cit.*, 266-267 ; *DC* 64 (1967) col. 681.

74. *Ibid.*, n. 39 : *loc. cit.*, 276-277 ; *DC* 64 (1967) col. 688.

l'homme à la lumière des principes premiers et de ses fins dernières, il doit être « relevé » avec le « sel » de la charité. Le faire sans le savoir est aveugle et le savoir sans amour est stérile. En fait, « celui qui est animé d'une vraie charité est ingénieux à découvrir les causes de la misère, à trouver les moyens de la combattre, à la vaincre résolument[75] ». Face aux phénomènes auxquels nous sommes confrontés, l'amour dans la vérité demande d'abord et avant tout à connaître et à comprendre, en reconnaissant et en respectant la compétence spécifique propre à chaque champ du savoir. La charité n'est pas une adjonction supplémentaire, comme un appendice au travail une fois achevé des diverses disciplines, mais au contraire elle dialogue avec elles du début à la fin. Les exigences de l'amour ne contredisent pas celles de la raison. Le savoir humain est insuffisant et les conclusions des sciences ne pourront pas, à elles seules, indiquer le chemin vers le développement intégral de l'homme. Il est toujours nécessaire d'aller *plus loin* : l'amour dans la vérité le commande[76]. Aller au-delà, néanmoins, ne signifie jamais faire abstraction des conclusions de la raison ni contredire ses résultats. Il n'y a pas l'intelligence puis l'amour : *il y a l'amour riche d'intelligence et l'intelligence pleine d'amour.*

31. Cela signifie que les évaluations morales et la recherche scientifique doivent croître ensemble et que la charité doit les animer en un ensemble interdisciplinaire harmonieux, fait d'unité et de distinction. La doctrine sociale de l'Église, qui a « *une importante dimension interdisciplinaire*[77] », peut remplir, dans cette perspective, une fonction

---

75. *Ibid.*, n. 75 : *loc. cit.*, 293-294 ; *DC* 64 (1967) col. 699.
76. Cf. Benoît XVI, Lett. enc. *Deus caritas est* (25 décembre 2005), n. 28 : *loc. cit.*, 238-240 ; *DC* 103 (2006) pp. 178-180.
77. Jean-Paul II, Lett. enc. *Centesimus annus* (1er mai 1991), n. 59 : *loc. cit.*, 864 ; *DC* 88 (1991) p. 547.

d'une efficacité extraordinaire. Celle-ci permet à la foi, à la théologie, à la métaphysique et aux sciences de trouver leur place en collaborant au service de l'homme. C'est ici surtout que la doctrine sociale de l'Église concrétise sa dimension sapientielle. Paul VI avait vu clairement que parmi les causes du sous-développement, il y a un manque de sagesse, de réflexion, de pensée capable de réaliser une synthèse directrice[78], pour laquelle « une claire vision de tous les aspects économiques, sociaux, culturels et spirituels[79] » est exigée. Le morcellement excessif du savoir[80], la fermeture des sciences humaines à la métaphysique[81], les difficultés du dialogue entre les sciences et la théologie portent préjudice non seulement au développement du savoir, mais aussi au développement des peuples car, quand cela se vérifie, il devient plus difficile de distinguer le bien intégral de l'homme dans les différentes dimensions qui le caractérisent. L'« élargissement de notre conception et de notre usage de la raison[82] » est indispensable pour réussir à peser adéquatement tous les termes de la question du développement et de la solution des problèmes socio-économiques.

32. Les grandes nouveautés, que le domaine du développement des peuples présente aujourd'hui, appellent en de nombreux cas des *solutions neuves*. Celles-ci doivent être recherchées en même temps dans le respect des lois propres à chaque réalité et à la lumière d'une vision intégrale de l'homme qui prend en compte les différents aspects de la personne humaine, considérée avec un regard purifié par la

78. Paul VI, Lett. enc. *Populorum progressio* (26 mars 1967), nn. 40.85 : *loc. cit.*, 277.298-299 ; *DC* 64 (1967) col. 688. 702.

79. *Ibid.*, n. 13 : *loc. cit.*, 263-264 ; *DC* 64 (1967) col. 679.

80. Cf. Jean-Paul II, Lett. enc. *Fides et ratio* (14 septembre 1998), n. 85 : AAS 91 (1999), 72-73 ; *DC* 104 (1998) p. 932.

81. Cf. *Ibid.*, n. 83 : *loc. cit.*, 70-71 ; *DC* 104 (1998) p. 931.

82. Benoît XVI, *Discours à l'Université de Ratisbonne*, 12 septembre 2006 ; *DC* 103 (2006) pp. 924-929.

charité. On découvrira alors de singulières convergences et des possibilités concrètes de solution, sans renoncer à aucune composante fondamentale de la vie humaine.

La dignité de la personne et les exigences de la justice demandent, aujourd'hui surtout, que les choix économiques ne fassent pas augmenter de façon excessive et moralement inacceptable les écarts de richesse[83] et que l'on continue à *se donner comme objectif prioritaire l'accès au travail* ou son maintien, pour tous. Tout bien considéré, c'est ce que la « raison économique » exige aussi. L'accroissement systémique des inégalités entre les groupes sociaux à l'intérieur d'un même pays et entre les populations des différents pays, c'est-à-dire l'augmentation massive de la pauvreté au sens relatif, non seulement tend à saper la cohésion sociale et met ainsi en danger la démocratie, mais a aussi un impact négatif sur le plan économique à travers l'érosion progressive du « capital social », c'est-à-dire de cet ensemble de relations de confiance, de fiabilité, de respect des règles, indispensables à toute coexistence civile.

C'est encore la science économique qui nous montre qu'une situation structurelle d'insécurité génère des comportements antiproductifs et des gaspillages de ressources humaines, dans la mesure où le travailleur tend à s'adapter passivement aux mécanismes automatiques, au lieu de libérer sa créativité. Sur ce point également, il existe une convergence entre science économique et évaluation morale. *Les coûts humains sont toujours aussi des coûts économiques* et les dysfonctionnements économiques entraînent toujours des coûts humains.

Il convient également de rappeler que la réduction des cultures à la dimension technologique, si elle peut favoriser à court terme la réalisation de profits, constitue un obstacle

---

83. Cf. Paul VI, Lett. enc. *Populorum progressio* (26 mars 1967), n. 33 : *loc. cit.*, 273-274 ; *DC* 64 (1967) col. 685.

à long terme à l'enrichissement réciproque et aux dynamiques de collaboration. Il est important de distinguer entre les considérations économiques ou sociologiques à court et à long terme. L'abaissement du niveau de protection des droits des travailleurs et l'abandon des mécanismes de redistribution des revenus pour donner au pays une plus grande compétitivité internationale gênent la consolidation d'un développement à long terme. On doit alors évaluer attentivement les conséquences sur les personnes des tendances actuelles vers une économie du court, voire du très court terme. Cela demande *une réflexion nouvelle et approfondie sur le sens de l'économie et de ses fins*[84], ainsi qu'une révision profonde et clairvoyante du modèle de développement pour en corriger les dysfonctionnements et les déséquilibres. C'est ce qu'exige, en outre, l'état de santé écologique de la planète et surtout ce qu'appelle la crise culturelle et morale de l'homme, dont les symptômes sont depuis longtemps évidents partout dans le monde.

33. Plus de quarante après la parution de *Populorum progressio*, sa thématique de fond, le progrès, *demeure un problème en suspens*, rendu plus aigu et urgent en raison de la crise économique et financière actuelle. Si certaines régions du globe, autrefois marquées par la pauvreté, ont connu des changements notables en termes de croissance économique et de participation à la production mondiale, d'autres régions sont encore plongées dans une situation de misère comparable à celle qui existait au temps de Paul VI. Dans certains cas, on peut même parler d'une réelle aggravation. Il est significatif que plusieurs causes de cette situation aient déjà été identifiées par *Populorum progressio*, comme par exemple les tarifs douaniers élevés imposés par les pays

84. Cf. Jean-Paul II, *Message pour la Journée mondiale de la Paix 2000*, n. 15 : AAS 92 (2000), 366 ; *DC* 97 (2000) pp. 4-5.

économiquement développés et qui empêchent encore aujourd'hui les produits provenant des pays pauvres d'entrer sur leurs marchés. En revanche, d'autres causes que l'encyclique avait seulement effleurées, se sont manifestées ensuite plus clairement. C'est le cas pour l'évaluation du processus de décolonisation, alors en plein déroulement ; Paul VI souhaitait un chemin d'autonomie à parcourir dans la liberté et dans la paix. Après plus de quarante ans, nous devons reconnaître combien ce parcours a été difficile, aussi bien à cause de nouvelles formes de colonialisme et de dépendance à l'égard d'anciens comme de nouveaux pays dominants, qu'en raison de graves irresponsabilités internes aux pays devenus indépendants.

La nouveauté majeure a été *l'explosion de l'interdépendance planétaire*, désormais communément appelée mondialisation. Paul VI l'avait déjà partiellement prévue, mais les termes et la force avec laquelle elle s'est développée sont surprenants. Né au sein des pays économiquement développés, ce processus par sa nature a produit une intrication de toutes les économies. Celui-ci a été le principal moteur pour que des régions entières sortent du sous-développement et il représente de soi une grande opportunité. Toutefois, sans l'orientation de l'amour dans la vérité, cet élan planétaire risque de provoquer des dommages inconnus jusqu'alors ainsi que de nouvelles fractures au sein de la famille humaine. C'est pourquoi l'amour et la vérité nous placent devant une tâche inédite et créatrice, assurément vaste et complexe. *Il s'agit d'élargir la raison et de la rendre capable de comprendre et d'orienter ces nouvelles dynamiques de grande ampleur*, en les animant dans la perspective de cette « civilisation de l'amour » dont Dieu a semé le germe dans chaque peuple et dans chaque culture.

Chapitre III

FRATERNITÉ, DÉVELOPPEMENT ÉCONOMIQUE ET SOCIÉTÉ CIVILE

34. L'*amour dans la vérité* place l'homme devant l'étonnante expérience du don. La gratuité est présente dans sa vie sous de multiples formes qui souvent ne sont pas reconnues en raison d'une vision de l'existence purement productiviste et utilitariste. L'être humain est fait pour le don ; c'est le don qui exprime et réalise sa dimension de transcendance. L'homme moderne est parfois convaincu, à tort, d'être le seul auteur de lui-même, de sa vie et de la société. C'est là une présomption, qui dérive de la fermeture égoïste sur lui-même, qui provient – pour parler en termes de foi – du *péché des origines*. La sagesse de l'Église a toujours proposé de tenir compte du péché originel même dans l'interprétation des faits sociaux et dans la construction de la société : « Ignorer que l'homme a une nature blessée, inclinée au mal, donne lieu à de graves erreurs dans le domaine de l'éducation, de la politique, de l'action sociale et des mœurs[85]. » À la liste des domaines où se manifestent les effets pernicieux du péché, s'est ajouté depuis longtemps déjà celui de l'économie. Nous en avons une nouvelle preuve, évidente, en ces temps-ci. La conviction d'être autosuffisant et d'être capable d'éliminer le mal présent dans l'histoire uniquement par sa seule action a poussé l'homme

---

85. *Catéchisme de l'Église catholique*, n. 407. Cf. Jean-Paul II, Lett. enc. *Centesimus annus* (1er mai 1991), n. 25 : *loc. cit.*, 822-824. *DC* 88 (1991), pp. 530-531.

à faire coïncider le bonheur et le salut avec des formes immanentes de bien-être matériel et d'action sociale. De plus, la conviction de l'exigence d'autonomie de l'économie, qui ne doit pas tolérer « d'influences » de caractère moral, a conduit l'homme à abuser de l'instrument économique y compris de façon destructrice. À la longue, ces convictions ont conduit à des systèmes économiques, sociaux et politiques qui ont foulé aux pieds la liberté de la personne et des corps sociaux et qui, précisément pour cette raison, n'ont pas été en mesure d'assurer la justice qu'ils promettaient. Comme je l'ai affirmé dans mon encyclique *Spe salvi*, de cette manière on retranche de l'histoire l'*espérance chrétienne*[86], qui est au contraire une puissante ressource sociale au service du développement humain intégral, recherché dans la liberté et dans la justice. L'espérance encourage la raison et lui donne la force d'orienter la volonté[87]. Elle est déjà présente dans la foi qui la suscite. La charité dans la vérité s'en nourrit et, en même temps, la manifeste. Étant un don de Dieu absolument gratuit, elle fait irruption dans notre vie comme quelque chose qui n'est pas dû, qui transcende toute loi de justice. Le don par sa nature surpasse le mérite, sa règle est la surabondance. Il nous précède dans notre âme elle-même comme le signe de la présence de Dieu en nous et de son attente à notre égard. La vérité qui, à l'égal de la charité, est un don, est plus grande que nous, comme l'enseigne saint Augustin[88].

---

86. Cf. n. 17 : AAS 99 (2007), 1000. *DC* 105 (208) p. 22.
87. Cf. *ibid.*, n. 23 : *loc. cit.*, 1004-1005. *DC* 105 (2008) pp. 24-25.
88. Saint Augustin expose de façon détaillée cet enseignement dans le dialogue sur le libre arbitre (*De libero arbitrio* II 3, 8 ss.). Il indique l'existence dans l'âme humaine d'un « sens interne ». Ce sens consiste en un acte qui se réalise en dehors des fonctions normales de la raison, acte spontané et quasi instinctif, pour lequel la raison, se rendant compte de sa condition éphémère et faillible, admet au-dessus de soi l'existence de quelque chose d'éternel, d'absolument vrai et certain. Le nom que saint Augustin donne à cette vérité intérieure est parfois celui de Dieu

De même, notre vérité propre, celle de notre conscience personnelle, nous est avant tout « donnée ». Dans tout processus cognitif, en effet, la vérité n'est pas produite par nous, mais elle est toujours découverte ou, mieux, reçue. Comme l'amour, elle « ne naît pas de la pensée ou de la volonté mais, pour ainsi dire, s'impose à l'être humain[89] ».

Parce qu'elle est un don que tous reçoivent, la charité dans la vérité est une force qui constitue la communauté, unifie les hommes de telle manière qu'il n'y ait plus de barrières ni de limites. Nous pouvons par nous-mêmes constituer la communauté des hommes, mais celle-ci ne pourra jamais être, par ses seules forces, une communauté pleinement fraternelle ni excéder ses propres limites, c'est-à-dire devenir une communauté vraiment universelle : l'unité du genre humain, communion fraternelle dépassant toutes divisions, naît de l'appel formulé par la parole du Dieu-Amour. En affrontant cette question décisive, nous devons préciser, d'une part, que la logique du don n'exclut pas la justice et qu'elle ne se juxtapose pas à elle dans un second temps et de l'extérieur et d'autre part, que si le développement économique, social et politique veut être authentiquement humain, il doit prendre en considération le *principe de gratuité* comme expression de fraternité.

35. Lorsqu'il est fondé sur une confiance réciproque et générale, *le marché* est l'institution économique qui permet aux personnes de se rencontrer, en tant qu'agents économiques, utilisant le contrat pour régler leurs relations et échangeant des biens et des services fongibles entre eux pour satisfaire leurs besoins et leurs désirs. Le marché est soumis aux principes de la *justice* dite *commutative*, qui règle

(*Confessions* X, 24, 35 ; XII, 25, 35 ; *De libero arbitrio* II 3, 8, 27), plus souvent celui du Christ (*De magistro* 11, 38 ; *Confessions* VII, 18, 24 ; XI, 2, 4).

89. Benoît XVI, Lett. enc. *Deus caritas est* (25 décembre 2005), n. 3 : *loc. cit.*, 219. *DC* 103 (2006) p. 167.

justement les rapports du donner et du recevoir entre sujets égaux. Mais la doctrine sociale de l'Église n'a jamais cessé de mettre en évidence l'importance de la *justice distributive* et de la *justice sociale* pour l'économie de marché elle-même, non seulement parce qu'elle est insérée dans les maillons d'un contexte social et politique plus vaste, mais aussi à cause de la trame des relations dans lesquelles elle se réalise. En effet, abandonné au seul principe de l'équivalence de valeur des biens échangés, le marché n'arrive pas à produire la cohésion sociale dont il a pourtant besoin pour bien fonctionner. *Sans formes internes de solidarité et de confiance réciproque, le marché ne peut pleinement remplir sa fonction économique*. Aujourd'hui, c'est cette confiance qui fait défaut, et la perte de confiance est une perte grave.

Dans *Populorum progressio*, Paul VI soulignait de façon opportune le fait que le système économique lui-même aurait tiré avantage des pratiques généralisées de justice, car les premiers à tirer bénéfice du développement des pays pauvres auraient été les pays riches[90]. Il ne s'agit pas seulement de corriger des dysfonctionnements par l'assistance. Les pauvres ne sont pas à considérer comme un « fardeau[91] », mais au contraire comme une ressource, même du point de vue strictement économique. Il faut considérer comme erronée la conception de certains qui pensent que l'économie de marché a structurellement besoin d'un quota de pauvreté et de sous-développement pour pouvoir fonctionner au mieux. L'intérêt du marché est de promouvoir l'émancipation, mais pour le faire vraiment il ne peut pas compter seulement sur lui-même, car il n'est pas en mesure de produire de lui-même ce qui est au-delà de ses possibilités. Il doit puiser des énergies morales auprès d'autres sujets, qui sont capables de les faire naître.

---

90. Cf. n. 49 : *loc. cit.*, 281. *DC* 64 (1967) col. 691.

91. Jean-Paul II, Lett. enc. *Centesimus annus* (1er mai 1991), n. 28 : *loc. cit.*, 827-828. *DC* 88 (1991) p. 532.

36. L'activité économique ne peut résoudre tous les problèmes sociaux par la simple extension de la *logique marchande*. Celle-là *doit viser la recherche du bien commun*, que la communauté politique d'abord doit aussi prendre en charge. C'est pourquoi il faut avoir présent à l'esprit que séparer l'agir économique, à qui il reviendrait seulement de produire de la richesse, de l'agir politique, à qui il reviendrait de rechercher la justice au moyen de la redistribution, est une cause de graves déséquilibres.

L'Église a toujours estimé que l'agir économique ne doit pas être considéré comme antisocial. Le marché n'est pas de soi, et ne doit donc pas devenir, le lieu de la domination du fort sur le faible. La société ne doit pas se protéger du marché, comme si le développement de ce dernier comportait *ipso facto* l'extinction des relations authentiquement humaines. Il est certainement vrai que le marché peut être orienté de façon négative, non parce que c'est là sa nature, mais parce qu'une certaine idéologie peut l'orienter en ce sens. Il ne faut pas oublier que le marché n'existe pas à l'état pur. Il tire sa forme des configurations culturelles qui le caractérisent et l'orientent. En effet, l'économie et la finance, en tant qu'instruments, peuvent être mal utilisées quand celui qui les gère n'a comme point de référence que des intérêts égoïstes. Ainsi peut-on arriver à transformer des instruments bons en eux-mêmes en instruments nuisibles. Mais c'est la raison obscurcie de l'homme qui produit ces conséquences, non l'instrument lui-même. C'est pourquoi, ce n'est pas l'instrument qui doit être mis en cause mais l'homme, sa conscience morale et sa responsabilité personnelle et sociale.

La doctrine sociale de l'Église estime que des relations authentiquement humaines, d'amitié et de socialité, de solidarité et de réciprocité, peuvent également être vécues même au sein de l'activité économique et pas seulement en dehors d'elle ou « après » elle. La sphère économique n'est, par nature, ni éthiquement neutre ni inhumaine et antisociale. Elle appartient à l'activité de l'homme et, justement parce qu'humaine, elle doit être structurée et organisée institutionnellement de façon éthique.

Le grand défi qui se présente à nous, qui ressort des problématiques du développement en cette période de mondialisation et qui est rendu encore plus pressant par la crise économique et financière, est celui de montrer, au niveau de la pensée comme des comportements, que non seulement les principes traditionnels de l'éthique sociale, tels que la transparence, l'honnêteté et la responsabilité ne peuvent être négligées ou sous-évaluées, mais aussi que *dans les relations marchandes le principe de gratuité et la logique du don*, comme expression de la fraternité, *peuvent et doivent trouver leur place à l'intérieur de l'activité économique normale.* C'est une exigence de l'homme de ce temps, mais aussi une exigence de la raison économique elle-même. C'est une exigence conjointe de la charité et de la vérité.

37. La doctrine sociale de l'Église a toujours soutenu que *la justice se rapporte à toutes les phases de l'activité économique*, parce qu'elle concerne toujours l'homme et ses exigences. La découverte des ressources, les financements, la production, la consommation et toutes les autres phases du cycle économique ont inéluctablement des implications morales. *Ainsi toute décision économique a-t-elle une conséquence de caractère moral.* Les sciences sociales et les tendances de l'économie contemporaine le confirment également. Peut-être fut-il un temps pensable de confier en premier lieu à l'économie la tâche de produire des richesses, remettant ensuite à la politique la tâche de les distribuer. Tout ceci se révèle aujourd'hui plus difficile, puisque les activités économiques ne sont pas confinées à l'intérieur des limites territoriales, alors que l'autorité des gouvernements continue à être essentiellement locale. C'est pourquoi les

règles de la justice doivent être respectées dès la mise en route du processus économique, et non avant, après ou parallèlement. Il est nécessaire aussi que, sur le marché, soient ouverts des espaces aux activités économiques réalisées par des sujets qui choisissent librement de conformer leur propre agir à des principes différents de ceux du seul profit, sans pour cela renoncer à produire de la valeur économique. Les nombreux types d'économie qui tirent leur origine d'initiatives religieuses et laïques, démontrent que cela est concrètement possible.

À l'époque de la mondialisation, l'économie pâtit de modèles de compétition liés à des cultures très différentes les unes des autres. Les comportements économiques et industriels qui en découlent, trouvent généralement un point de rencontre dans le respect de la justice commutative. La *vie économique* a sans aucun doute besoin du *contrat* pour réglementer les relations d'échange entre valeurs équivalentes. Mais elle a tout autant besoin de *lois justes* et de *formes de redistribution* guidées par la politique, ainsi que d'œuvres qui soient marquées par *l'esprit du don*. L'économie mondialisée semble privilégier la première logique, celle de l'échange contractuel mais, directement ou indirectement, elle montre qu'elle a aussi besoin des deux autres, de la logique politique et de la logique du don sans contrepartie.

38. Mon prédécesseur Jean-Paul II avait signalé cette problématique quand, dans *Centesimus annus*, il avait relevé la nécessité d'un système impliquant trois sujets : le *marché*, l'*État* et la *société civile*[92]. Il avait identifié la société civile comme le cadre le plus approprié pour une *économie de la gratuité* et de la fraternité, mais il ne voulait pas l'exclure des deux autres domaines. Aujourd'hui, nous pouvons dire que

92. Cf. n. 35 : *loc. cit.*, 836-838. *DC* 88 (1991) pp. 535-536.

la vie économique doit être comprise comme une réalité à plusieurs dimensions : en chacune d'elles, à divers degrés et selon des modalités spécifiques, l'aspect de la réciprocité fraternelle doit être présent. À l'époque de la mondialisation, l'activité économique ne peut faire abstraction de la gratuité, qui répand et alimente la solidarité et la responsabilité pour la justice et pour le bien commun auprès de ses différents sujets et acteurs. Il s'agit, en réalité, d'une forme concrète et profonde de démocratie économique. La solidarité signifie avant tout se sentir tous responsables de tous[93], elle ne peut donc être déléguée seulement à l'État. Si hier on pouvait penser qu'il fallait d'abord rechercher la justice et que la gratuité devait intervenir ensuite comme un complément, aujourd'hui, il faut dire que sans la gratuité on ne parvient même pas à réaliser la justice. Il faut, par conséquent, un marché sur lequel des entreprises qui poursuivent des buts institutionnels différents puissent agir librement, dans des conditions équitables. À côté de l'entreprise privée tournée vers le profit, et des divers types d'entreprises publiques, il est opportun que les organisations productrices qui poursuivent des buts mutualistes et sociaux puissent s'implanter et se développer. C'est de leur confrontation réciproque sur le marché que l'on peut espérer une sorte d'hybridation des comportements d'entreprise et donc une attention vigilante à la *civilisation de l'économie*. La charité dans la vérité, dans ce cas, signifie qu'il faut donner forme et organisation aux activités économiques qui, sans nier le profit, entendent aller au-delà de la logique de l'échange des équivalents et du profit comme but en soi.

39. Dans *Populorum progressio*, Paul VI demandait que soit défini un modèle d'économie de marché capable d'intégrer,

93. Cf. Jean-Paul II, Lett. enc. *Sollicitudo rei socialis* (30 décembre 1987), n. 38 : *loc. cit.*, 565-566. *DC* 858 (1988) pp. 249-250.

au moins tendanciellement, tous les peuples et non seulement ceux qui étaient en mesure d'y prendre part. Il demandait que le marché international soit le reflet d'un monde où « tous auront à donner et à recevoir, sans que le progrès des uns soit un obstacle au développement des autres[94] ». De cette manière, il étendait au niveau universel les requêtes et les aspirations déjà contenues dans *Rerum novarum*, où pour la première fois, à la suite de la révolution industrielle, était affirmée l'idée – assurément avancée pour l'époque – que pour subsister l'ordre civil avait besoin aussi de l'intervention redistributive de l'État. Aujourd'hui cette vision est non seulement remise en question par les processus d'ouverture des marchés et des sociétés, mais elle apparaît aussi incomplète pour satisfaire les exigences d'une économie pleinement humaine. Ce que la doctrine sociale de l'Église a toujours soutenu, en partant de sa vision de l'homme et de la société, est aujourd'hui requis aussi par les dynamiques caractéristiques de la mondialisation.

Quand la logique du marché et celle de l'État s'accordent entre elles pour perpétuer le monopole de leurs domaines respectifs d'influence, la solidarité dans les relations entre les citoyens s'amoindrit à la longue, de même que la participation et l'adhésion, l'agir gratuit, qui sont d'une nature différente du *donner pour avoir*, spécifique à la logique de l'échange, et du donner par devoir, qui est propre à l'action publique, réglée par les lois de l'État. Vaincre le sous-développement demande d'agir non seulement en vue de l'amélioration des transactions fondées sur l'échange et des prestations sociales, mais surtout sur *l'ouverture progressive, dans un contexte mondial, à des formes d'activité économique caractérisées par une part de gratuité et de communion.* Le binôme exclusif marché-État corrode la socialité, alors que les formes économiques solidaires, qui

94. N. 44 : *loc. cit.*, 279. *DC* 64 (1967), col. 690.

trouvent leur terrain le meilleur dans la société civile sans se limiter à elle, créent de la socialité. Le marché de la gratuité n'existe pas et on ne peut imposer par la loi des comportements gratuits. Pourtant, aussi bien le marché que la politique ont besoin de personnes ouvertes au don réciproque.

40. Les dynamiques économiques internationales actuelles, caractérisées par de graves déviances et des dysfonctionnements, appellent également de *profonds changements dans la façon de concevoir l'entreprise.* D'anciennes formes de la vie des entreprises disparaissent, tandis que d'autres, prometteuses, se dessinent à l'horizon. Un des risques les plus grands est sans aucun doute que l'entreprise soit presque exclusivement soumise à celui qui investit en elle et que sa valeur sociale finisse ainsi par être amoindrie. En raison de la croissance de leurs dimensions et du besoin de capitaux toujours plus importants, les entreprises ont de moins en moins à leur tête un entrepreneur stable qui soit responsable à long terme de la vie et des résultats de l'entreprise et pas seulement à court terme, et elles sont aussi toujours moins liées à un territoire unique. En outre, la fameuse délocalisation de l'activité productive peut atténuer chez l'entrepreneur le sens de ses responsabilités vis-à-vis des porteurs d'intérêts, tels que les travailleurs, les fournisseurs, les consommateurs, l'environnement naturel et, plus largement, la société environnante, au profit des actionnaires, qui ne sont pas liés à un lieu spécifique et qui jouissent donc d'une extraordinaire mobilité. En effet, le marché international des capitaux offre aujourd'hui une grande liberté d'action. Il est vrai cependant que l'on prend toujours davantage conscience de la nécessité d'une plus ample « responsabilité sociale » de l'entreprise. Même si les positions éthiques qui guident aujourd'hui le débat sur la responsabilité sociale de l'entreprise ne sont pas toutes acceptables selon la perspective de la doctrine sociale de l'Église, c'est un fait que se

répand toujours plus la conviction selon laquelle *la gestion de l'entreprise ne peut pas tenir compte des intérêts de ses seuls propriétaires, mais aussi de ceux de toutes les autres catégories de sujets qui contribuent à la vie de l'entreprise*: les travailleurs, les clients, les fournisseurs des divers éléments de la production, les communautés humaines qui en dépendent. Ces dernières années, on a vu la croissance d'une classe cosmopolite de *managers* qui, souvent, ne répondent qu'aux indications des actionnaires de référence, constitués en général par des fonds anonymes qui fixent de fait leurs rémunérations. Cela n'empêche pas qu'aujourd'hui il y ait de nombreux managers qui, grâce à des analyses clairvoyantes, se rendent compte toujours davantage des liens profonds de leur entreprise avec le territoire ou avec les territoires où elle opère. Paul VI invitait à évaluer sérieusement le préjudice que le transfert de capitaux à l'étranger exclusivement en vue d'un profit personnel, peut causer à la nation elle-même[95]. Jean-Paul II observait qu'*investir*, outre sa signification économique, *revêt toujours une signification morale*[96]. Tout ceci – il faut le redire – est valable aujourd'hui encore, bien que le marché des capitaux ait été fortement libéralisé et que les mentalités technologiques modernes puissent conduire à penser qu'investir soit seulement un fait technique et non pas aussi humain et éthique. Il n'y a pas de raison de nier qu'un certain capital, s'il est investi à l'étranger plutôt que dans sa patrie, puisse faire du bien. Cependant les requêtes de la justice doivent être sauvegardées, en tenant compte aussi de la façon dont ce capital a été constitué et des préjudices causés aux personnes par leur non-emploi dans les lieux où ce capital a été produit[97]. Il faut éviter que le motif

95. Cf. *ibid.*, n. 24: *loc. cit.*, 269. *DC* 64 (1967) col. 682-683.

96. Cf. Jean-Paul II, Lett. enc. *Centesimus annus* (1er mai 1991), n. 36: *loc. cit.*, 838-840. *DC* 88 (1991) pp. 248-249.

97. Cf. Paul VI, Lett. enc. *Populorum progressio* (26 mars 1967), n. 24: *loc. cit.*, 269. *DC* 64 (1967) col. 682-683.

de *l'emploi des ressources financières* soit spéculatif et cède à la tentation de rechercher seulement un profit à court terme, sans rechercher aussi la continuité de l'entreprise à long terme, son service précis à l'économie réelle et son attention à la promotion, de façon juste et convenable, d'initiatives économiques y compris dans les pays qui ont besoin de développement. Il ne faut pas nier que lorsque la délocalisation comporte des investissements et offre de la formation, elle peut être bénéfique aux populations des pays d'accueil. Le travail et la connaissance technique sont un besoin universel. Cependant il n'est pas licite de délocaliser seulement pour jouir de faveurs particulières ou, pire, pour exploiter la société locale sans lui apporter une véritable contribution à la mise en place d'un système productif et social solide, facteur incontournable d'un développement stable.

41. Dans le contexte de ce document, il est utile d'observer que l'*entreprenariat* a et doit toujours plus avoir une *signification plurivalente*. La prééminence persistante du binôme marché-État nous a habitués à penser exclusivement à l'entrepreneur privé de type capitaliste, d'une part, et au haut-fonctionnaire de l'autre. En réalité, l'entreprenariat doit être compris de façon diversifiée. Ceci découle d'une série de raisons méta-économiques. Avant d'avoir une signification professionnelle, l'entreprenariat a une signification humaine[98]. Il est inscrit dans tout travail, vu comme « *actus personæ*[99] », c'est pourquoi il est bon qu'à tout travailleur soit offerte la possibilité d'apporter sa contribution propre de sorte que lui-même « sache travailler

---

98. Cf. Jean-Paul II, Lett. enc. *Centesimus annus* (1er mai 1991), n. 32 : *loc. cit.*, 832-833. *DC* 88 (1991) pp. 246-247 ; Paul VI, Lett. enc. *Populorum progressio* (26 mars 1967), n. 25 : *loc. cit.*, 269-270. *DC* 64 (1967) col. 683.

99. Jean-Paul II, Lett. enc. *Laborem exercens* (14 septembre 1981), n. 24 : *loc. cit.*, 637-638. *DC* 78 (1981) p. 852.

'à son compte'[100] ». Ce n'est pas sans raison que Paul VI enseignait que « tout travailleur est un créateur[101] ». C'est justement pour répondre aux exigences et à la dignité de celui qui travaille, ainsi qu'aux besoins de la société, que divers types d'entreprises existent, bien au-delà de la seule distinction entre « privé » et « public ». Chacune requiert et exprime une capacité d'entreprise singulière. Dans le but de créer une économie qui, dans un proche avenir, sache se mettre au service du bien commun national et mondial, il est opportun de tenir compte de cette signification élargie de l'entreprenariat. Cette conception plus large favorise l'échange et la formation réciproque entre les diverses typologies d'entreprenariat, avec un transfert de compétences du monde du *non-profit* à celui du *profit* et vice-versa, du domaine public à celui de la société civile, de celui des économies avancées à celui des pays en voie de développement.

L'« *autorité politique* » a, elle aussi, une *signification plurivalente* qui ne peut être négligée, dans la mise en place d'un nouvel ordre économico-productif, socialement responsable et à dimension humaine. De même qu'on entend cultiver un entreprenariat différencié sur le plan mondial, ainsi doit-on promouvoir une autorité politique répartie et active sur plusieurs plans. L'économie intégrée de notre époque n'élimine pas le rôle des États, elle engage plutôt les gouvernements à une plus forte collaboration réciproque. La sagesse et la prudence nous suggèrent de ne pas proclamer trop hâtivement la fin de l'État. Lié à la solution de la crise actuelle, son rôle semble destiné à croître, tandis qu'il récupère nombre de ses compétences. Il y a aussi des nations pour lesquelles la construction ou la reconstruction de l'État continue d'être un élément clé de leur développement.

---

100. *Ibid.*, n. 15: *loc. cit.*, 616-618. *DC* 78 (1981) p. 846.
101. Paul VI, Lett. enc. *Populorum progressio* (26 mars 1967), n. 27: *loc. cit.*, 271. *DC* 64 (1967) col. 684.

L'*aide internationale* à l'intérieur d'un projet de solidarité ciblé en vue de la solution des problèmes économiques actuels, devrait en premier lieu soutenir la consolidation de systèmes constitutionnels, juridiques, administratifs dans les pays qui ne jouissent pas encore pleinement de ces biens. À côté des aides économiques, il doit y avoir celles qui ont pour but de renforcer les garanties propres de l'*État de droit*, un système d'ordre public et de détention efficaces dans le respect des droits humains, des institutions vraiment démocratiques. Il n'est pas nécessaire que l'État ait partout les mêmes caractéristiques : le soutien aux systèmes constitutionnels faibles en vue de leur renforcement peut très bien s'accompagner du développement d'autres sujets politiques, de nature culturelle, sociale, territoriale ou religieuse, à côté de l'État. L'articulation de l'autorité politique au niveau local, national et international est, entre autres, une des voies maîtresses pour parvenir à orienter la mondialisation économique. C'est aussi le moyen pour éviter qu'elle ne mine dans les faits les fondements de la démocratie.

42. On relève parfois des attitudes fatalistes à l'égard de la *mondialisation*, comme si les dynamiques en acte étaient produites par des forces impersonnelles anonymes et par des structures indépendantes de la volonté humaine[102]. Il est bon de rappeler à ce propos que la mondialisation doit être certainement comprise comme un processus socio-économique, mais ce n'est pas là son unique dimension. Derrière le processus le plus visible se trouve la réalité d'une humanité qui devient de plus en plus interconnectée. Celle-ci est constituée de personnes et de peuples auxquels ce processus doit être utile et dont il doit servir le

---

102. Cf. Congrégation pour la Doctrine de la Foi, Instruction *Libertatis conscientia* (22 mars 1987), n. 74 : AAS 79 (1987), 587. *DC* 83 (1986) p. 405.

développement[103], en vertu des responsabilités respectives prises aussi bien par des individus que par la collectivité. Le dépassement des frontières n'est pas seulement un fait matériel, mais il est aussi culturel dans ses causes et dans ses effets. Si on regarde la mondialisation de façon déterministe, les critères pour l'évaluer et l'orienter se perdent. C'est une réalité humaine et elle peut avoir en amont diverses orientations culturelles sur lesquelles il faut exercer un discernement. La vérité de la mondialisation comme processus et sa nature éthique fondamentale dérivent de l'unité de la famille humaine et de son développement dans le bien. Il faut donc travailler sans cesse afin de *favoriser une orientation culturelle personnaliste et communautaire, ouverte à la transcendance, du processus d'intégration planétaire.*

Malgré certaines de ses dimensions structurelles qui ne doivent pas être niées, ni absolutisées, « la mondialisation, *a priori*, n'est ni bonne ni mauvaise. Elle sera ce que les personnes en feront[104] ». Nous ne devons pas en être les victimes, mais les protagonistes, avançant avec bon sens, guidés par la charité et par la vérité. S'y opposer aveuglément serait une attitude erronée, préconçue, qui finirait par ignorer un processus porteur d'aspects positifs, avec le risque de perdre une grande occasion de saisir les multiples opportunités de développement qu'elle offre. Les processus de mondialisation, convenablement conçus et gérés, offrent la possibilité d'une grande redistribution de la richesse au niveau planétaire comme cela ne s'était jamais présenté auparavant; s'ils sont mal gérés ils peuvent au contraire faire croître la pauvreté et les inégalités, et contaminer le monde entier par une crise. Il faut en *corriger les dysfonctionnements*, dont certains sont graves, qui introduisent de nouvelles

103. Cf. Jean-Paul II, Interview au quotidien catholique *La Croix*, du 20 août 1997.

104. Jean-Paul II, *Discours à l'Académie des Sciences sociales*, 27 avril 2001; *Oss. Rom. fr.* 19 (2001), p. 9.

divisions entre les peuples et au sein des peuples, et faire en sorte que la redistribution de la richesse n'entraîne pas une redistribution de la pauvreté ou même son accentuation, comme une mauvaise gestion de la situation actuelle pourrait nous le faire craindre. Pendant longtemps, on a pensé que les peuples pauvres devaient demeurer fixés à un stade préétabli de développement et devaient se contenter de la philanthropie des peuples développés. Dans *Populorum progressio*, Paul VI a pris position contre cette mentalité. Aujourd'hui les ressources matérielles utilisables pour faire sortir ces peuples de la misère sont théoriquement plus importantes qu'autrefois, mais ce sont les peuples des pays développés eux-mêmes qui ont fini par en profiter, eux qui ont pu mieux exploiter le processus de libéralisation des mouvements de capitaux et du travail. La diffusion du bien-être à l'échelle mondiale ne doit donc pas être freinée par des projets égoïstes, protectionnistes ou dictés par des intérêts particuliers. En effet, l'implication des pays émergents ou en voie de développement permet aujourd'hui de mieux gérer la crise. La transition inhérente au processus de mondialisation présente des difficultés et des dangers importants, qui pourront être surmontés seulement si on sait prendre conscience de cette dimension anthropologique et éthique, qui pousse profondément la mondialisation elle-même vers des objectifs d'humanisation solidaire. Malheureusement cette dimension est souvent dominée et étouffée par des perspectives éthiques et culturelles de nature individualiste et utilitariste. La mondialisation est un phénomène multidimensionnel et polyvalent, qui exige d'être saisi dans la diversité et dans l'unité de tous ses aspects, y compris sa dimension théologique. Cela permettra de vivre et d'*orienter la mondialisation de l'humanité en termes de relationnalité, de communion et de partage.*

Chapitre IV

DÉVELOPPEMENT DES PEUPLES, DROITS ET DEVOIRS, ENVIRONNEMENT

43. « La solidarité universelle qui est un fait, et un bénéfice pour nous, est aussi un devoir[105]. » Aujourd'hui, nombreux sont ceux qui sont tentés de prétendre ne rien devoir à personne, si ce n'est à eux-mêmes. Ils estiment n'être détenteurs que de droits et ils éprouvent souvent de grandes difficultés à grandir dans la responsabilité à l'égard de leur développement personnel intégral et de celui des autres. C'est pourquoi il est important de susciter une nouvelle réflexion sur le fait que *les droits supposent des devoirs sans lesquels ils deviennent arbitraires*[106]. Aujourd'hui, nous sommes témoins d'une grave contradiction. Tandis que, d'un côté, sont revendiqués de soi-disant droits, de nature arbitraire et voluptuaire, avec la prétention de les voir reconnus et promus par les structures publiques, d'un autre côté, des droits élémentaires et fondamentaux d'une grande partie de l'humanité sont ignorés et violés[107]. On a souvent noté une relation entre la revendication du droit au superflu ou même à la transgression et au vice, dans les sociétés opulentes, et le manque de nourriture, d'eau potable, d'instruction primaire ou de soins sanitaires élémentaires dans certaines

---

105. Paul VI, Lett. enc. *Populorum progressio* (26 mars 1967), n. 17 : *loc. cit.*, 265-266 ; *DC* 64 (1967) col. 680.

106. Cf. Jean-Paul II, *Message pour la Journée Mondiale de la Paix 2003*, n. 5 : AAS 95 (2003), 343 ; *DC* 85 (2003) p. 6.

107. Cf. *ibid.*

régions sous-développées ainsi que dans les périphéries des grandes métropoles. Cette relation est due au fait que les droits individuels, détachés du cadre des devoirs qui leur confère un sens plénier, s'affolent et alimentent une spirale de requêtes pratiquement illimitée et privée de repères. L'exaspération des droits aboutit à l'oubli des devoirs. Les devoirs délimitent les droits parce qu'ils renvoient au cadre anthropologique et éthique dans la vérité duquel ces derniers s'insèrent et ainsi ne deviennent pas arbitraires. C'est pour cette raison que les devoirs renforcent les droits et situent leur défense et leur promotion comme un engagement à prendre en faveur du bien. Si, par contre, les droits de l'homme ne trouvent leur propre fondement que dans les délibérations d'une assemblée de citoyens, ils peuvent être modifiés à tout moment et, par conséquent, le devoir de les respecter et de les promouvoir diminue dans la conscience commune. Les Gouvernements et les Organismes internationaux peuvent alors oublier l'objectivité et l'« indisponibilité » des droits. Quand cela se produit, le véritable développement des peuples est mis en danger[108]. De tels comportements compromettent l'autorité des Organismes internationaux, surtout aux yeux des pays qui ont le plus besoin de développement. Ceux-ci demandent, en effet, que la communauté internationale considère comme un devoir de les aider à être « les artisans de leur destin[109] », c'est-à-dire à assumer eux-mêmes à leur tour des devoirs. *Avoir en commun des devoirs réciproques mobilise beaucoup plus que la seule revendication de droits.*

44. La conception des droits et des devoirs dans le développement est mise à l'épreuve de manière dramatique par

---

108. Cf. Benoît XVI, *Message pour la Journée Mondiale de la Paix 2007*, n. 13 : *loc. cit.*, 781-782 ; *DC* 89 (2007) p. 59.

109. Paul VI, Lett. enc. *Populorum progressio* (26 mars 1967), n. 65 : *loc. cit.*, 289 ; *DC* 64 (1967) col. 674-704.

les problématiques liées à la *croissance démographique*. Il s'agit d'une limite très importante pour le vrai développement, parce qu'elle concerne les valeurs primordiales de la vie et de la famille[110]. Considérer l'augmentation de la population comme la cause première du sous-développement est incorrect, même du point de vue économique : il suffit de penser d'une part à l'importante diminution de la mortalité infantile et à l'allongement moyen de la vie qu'on enregistre dans les pays économiquement développés, et d'autre part, aux signes de crises qu'on relève dans les sociétés où l'on enregistre une baisse préoccupante de la natalité. Il demeure évidemment nécessaire de prêter l'attention due à une procréation responsable qui constitue, entre autres, une contribution efficace au développement humain intégral. L'Église, qui a à cœur le véritable développement de l'homme, lui recommande de respecter dans tout son agir la réalité humaine authentique. Cette dimension doit être reconnue, en particulier, en ce qui concerne la sexualité : on ne peut la réduire à un pur fait hédoniste et ludique, de même que l'éducation sexuelle ne peut être réduite à une instruction technique, dans l'unique but de défendre les intéressés d'éventuelles contaminations ou du « risque » de procréation. Cela équivaudrait à appauvrir et à ignorer le sens profond de la sexualité, qui doit au contraire être reconnue et assumée avec responsabilité, tant par l'individu que par la communauté. En effet, la responsabilité interdit aussi bien de considérer la sexualité comme une simple source de plaisir, que de la réguler par des politiques de planification forcée des naissances. Dans ces deux cas, on est en présence de conceptions et de politiques matérialistes, où les personnes finissent par subir différentes formes de violence. À tout cela, on doit opposer, en ce domaine, la compétence primordiale des familles[111] par

110. Cf. *ibid.* nn. 36.37 : *loc. cit.*, 275-276 ; *DC* 64 (1967) col. 687.
111. Cf. *ibid.* n. 37 : *loc. cit.*, 275-276 ; *DC* 64 (1967) col. 687.

rapport à celle l'État et à ses politiques contraignantes, ainsi qu'une éducation appropriée des parents.

L'ouverture moralement responsable à la vie est une richesse sociale et économique. De grandes nations ont pu sortir de la misère grâce au grand nombre de leurs habitants et à leurs potentialités. En revanche, des nations, un temps prospères, connaissent à présent une phase d'incertitude et, dans certains cas, de déclin à cause de la dénatalité qui est un problème crucial pour les sociétés de bien-être avancé. La diminution des naissances, parfois au-dessous du fameux « seuil de renouvellement », met aussi en difficulté les systèmes d'assistance sociale, elle en augmente les coûts, réduit le volume de l'épargne et, donc, les ressources financières nécessaires aux investissements, elle réduit la disponibilité d'une main-d'œuvre qualifiée, elle restreint la réserve des « cerveaux » utiles pour les besoins de la nation. De plus, dans les familles de petite, et même de toute petite dimension, les relations sociales courent le risque d'être appauvries, et les formes de solidarité traditionnelle de ne plus être garanties. Ce sont des situations symptomatiques d'une faible confiance en l'avenir ainsi que d'une lassitude morale. Continuer à proposer aux nouvelles générations la beauté de la famille et du mariage, la correspondance de ces institutions aux exigences les plus profondes du cœur et de la dignité de la personne devient ainsi une nécessité sociale, et même économique. Dans cette perspective, les États sont appelés à *mettre en œuvre des politiques qui promeuvent le caractère central et l'intégrité de la famille*, fondée sur le mariage entre un homme et une femme, cellule première et vitale de la société[112], prenant en compte ses problèmes économiques et fiscaux, dans le respect de sa nature relationnelle.

---

112. Cf. Conc. œcum. Vat. II, Décr. *Apostolicam actuositatem*, n. 11.

45. Répondre aux exigences morales les plus profondes de la personne a aussi des retombées importantes et bénéfiques sur le plan économique. En effet, *pour fonctionner correctement, l'économie a besoin de l'éthique*; non pas d'une éthique quelconque, mais d'une éthique amie de la personne. Aujourd'hui, on parle beaucoup d'éthique dans le domaine économique, financier ou industriel. Des Centres d'études et des parcours de formation de business ethics sont créés. Dans le monde développé, le système des certifications éthiques se répand à la suite du mouvement d'idées né autour de la responsabilité sociale de l'entreprise. Les banques proposent des comptes et des fonds d'investissement appelés « éthiques ». Une « finance éthique » se développe surtout à travers le microcrédit et, plus généralement, la microfinance. Ces processus sont appréciables et méritent un large soutien. Leurs effets positifs se font sentir même dans les régions les moins développées de la terre. Toutefois, il est bon d'élaborer aussi un critère valable de discernement, car on note un certain abus de l'adjectif « éthique » qui, employé de manière générique, se prête à désigner des contenus très divers, au point de faire passer sous son couvert des décisions et des choix contraires à la justice et au véritable bien de l'homme.

En fait, cela dépend en grande partie du système moral auquel on se réfère. Sur ce thème, la doctrine sociale de l'Église a une contribution spécifique à apporter, qui se fonde sur la création de l'homme « à l'image de Dieu » (*Gn* 1, 27), principe d'où découle la dignité inviolable de la personne humaine, de même que la valeur transcendante des normes morales naturelles. Une éthique économique qui méconnaîtrait ces deux piliers, risquerait inévitablement de perdre sa signification propre et de se prêter à des manipulations. Plus précisément, elle risquerait de s'adapter aux systèmes économiques et financiers existant, au lieu de corriger leurs dysfonctionnements. Elle finirait également, entre autres, par justifier le financement de projets non éthiques. En outre, il ne faut pas utiliser le mot « éthique » de façon idéologiquement discriminatoire, laissant entendre que les initiatives qui ne seraient pas formellement parées de cette qualification, ne seraient pas éthiques. Il faut œuvrer – et cette observation est ici essentielle ! – non seulement pour que naissent des secteurs ou des lignes « éthiques » dans l'économie ou dans la finance, mais pour que toute l'économie et toute la finance soient éthiques et le soient non à cause d'un étiquetage extérieur, mais à cause du respect d'exigences intrinsèques à leur nature même. La doctrine sociale de l'Église aborde ce sujet avec clarté quand elle rappelle que l'économie, en ses différentes ramifications, est un secteur de l'activité humaine[113].

46. Considérant les thématiques relatives au *rapport entre entreprise et éthique*, ainsi que l'évolution que le système de production connaît actuellement, il semble que la distinction faite jusqu'ici entre entreprises à but lucratif (*profit*) et organisations à but non lucratif (*non-profit*) ne soit plus en mesure de rendre pleinement compte de la réalité, ni d'orienter efficacement l'avenir. Au cours de ces dernières décennies, une ample sphère intermédiaire entre ces deux types d'entreprises a surgi. Elle est constituée d'entreprises traditionnelles, – qui cependant souscrivent des pactes d'aide aux pays sous-développés –, de fondations qui sont l'expression d'entreprises individuelles, de groupes d'entreprises ayant des buts d'utilité sociale, du monde varié des acteurs de l'économie dite « civile et de communion ». Il ne s'agit pas seulement d'un « troisième secteur », mais d'une nouvelle réalité vaste et complexe, qui touche le privé et le public et qui n'exclut pas le profit mais le considère comme

113. Cf. Paul VI, Lett. enc. *Populorum progressio* (26 mars 1967), n. 14 : *loc. cit.*, 264 ; Jean-Paul II, Lett. enc. *Centesimus annus* (1er mai 1991), n. 32 : *loc. cit.*, 832-833 ; *DC* 88 (1991) p. 534.

un instrument pour réaliser des objectifs humains et sociaux. Le fait que ces entreprises distribuent ou non leurs bénéfices ou bien qu'elles prennent l'une ou l'autre des formes prévues par les normes juridiques devient secondaire par rapport à leur orientation à concevoir le profit comme un moyen pour parvenir à des objectifs d'humanisation du marché et de la société. Il est souhaitable que ces nouveaux types d'entreprise trouvent également dans tous les pays un cadre juridique et fiscal convenables. Sans rien ôter à l'importance et à l'utilité économique et sociale des formes traditionnelles d'entreprise, elles font évoluer le système vers une plus claire et complète acceptation de leurs devoirs, de la part des agents économiques. Bien plus, *la pluralité même des formes institutionnelles de l'entreprise crée un marché plus civique et en même temps plus compétitif.*

47. Le renforcement des diverses typologies d'entreprises et, en particulier, de celles capables de concevoir le profit comme un instrument pour parvenir à des objectifs d'humanisation du marché et des sociétés, doit être poursuivi aussi dans les pays qui sont exclus ou mis en marge des circuits de l'économie mondiale, et où il est très important d'avancer par le biais de projets, fondés sur une subsidiarité conçue et administrée de façon adaptée, qui tendent à affermir les droits tout en prévoyant toujours une prise de responsabilités correspondantes. Dans les *interventions en faveur du développement, le principe de la centralité de la personne humaine* doit être préservé car elle est le sujet qui, le premier, doit prendre en charge la tâche du développement. L'urgence principale est l'amélioration des conditions de vie des personnes concrètes d'une région donnée, afin qu'elles puissent accomplir ces tâches qu'actuellement leur indigence ne leur permet pas de remplir. La sollicitude ne peut jamais être une attitude abstraite. Les programmes de développement, pour pouvoir être adaptés aux situations

particulières, doivent être caractérisés par la flexibilité. Et les personnes qui en bénéficient devraient être directement associées à leur préparation et devenir protagonistes de leur réalisation. Il est aussi nécessaire d'appliquer les critères de la progression et de l'accompagnement – y compris pour le contrôle des résultats –, car il n'existe pas de recettes universellement valables. Cela dépend largement de la gestion concrète des interventions. « Ouvriers de leur propre développement, les peuples en sont les premiers responsables. Mais ils ne le réaliseront pas dans l'isolement[114]. » Aujourd'hui, avec la consolidation du processus d'intégration progressive de la planète, cette exhortation de Paul VI est encore plus actuelle. Les dynamiques d'inclusion n'ont rien de mécanique. Les solutions doivent être adaptées à la vie des peuples et des personnes concrètes, sur la base d'une évaluation prévoyante de chaque situation. À côté des macroprojets, les microprojets sont nécessaires et, plus encore, la mobilisation effective de tous les acteurs de la société civile, des personnes juridiques comme des personnes physiques.

La *coopération internationale* a besoin de personnes qui aient en commun le souci du processus de développement économique et humain, par la solidarité de la présence, de l'accompagnement, de la formation et du respect. De ce point de vue, les Organismes internationaux eux-mêmes devraient s'interroger sur l'efficacité réelle de leurs structures bureaucratiques et administratives, souvent trop coûteuses. Il arrive parfois que celui à qui sont destinées des aides devienne utile à celui qui l'aide et que les pauvres servent de prétexte pour faire subsister des organisations bureaucratiques coûteuses qui réservent à leur propre subsistance des pourcentages trop élevés des ressources qui

---

114. Paul VI, Lett. enc. *Populorum progressio* (26 mars 1967) n. 77: *loc. cit.*, 295; *DC* 64 (1967) p. 700.

devraient au contraire être destinées au développement. Dans cette perspective, il serait souhaitable que tous les organismes internationaux et les Organisations non gouvernementales s'engagent à œuvrer dans la pleine transparence, informant leurs donateurs et l'opinion publique du pourcentage des fonds reçus destiné aux programmes de coopération, du véritable contenu de ces programmes, et enfin de la répartition des dépenses de l'institution elle-même.

48. Le thème du développement est aussi aujourd'hui fortement lié aux devoirs qu'engendre *le rapport de l'homme avec l'environnement naturel*. Celui-ci a été donné à tous par Dieu et son usage représente pour nous une responsabilité à l'égard des pauvres, des générations à venir et de l'humanité tout entière. Si la nature, et en premier lieu l'être humain, sont considérés comme le fruit du hasard ou du déterminisme de l'évolution, la conscience de la responsabilité s'atténue dans les esprits. Dans la nature, le croyant reconnaît le merveilleux résultat de l'intervention créatrice de Dieu, dont l'homme peut user pour satisfaire ses besoins légitimes – matériels et immatériels – dans le respect des équilibres propres à la réalité créée. Si cette vision se perd, l'homme finit soit par considérer la nature comme une réalité intouchable, soit, au contraire, par en abuser. Ces deux attitudes ne sont pas conformes à la vision chrétienne de la nature, fruit de la création de Dieu.

La nature est l'expression d'un dessein d'amour et de vérité. Elle nous précède et Dieu nous l'a donnée comme milieu de vie. Elle nous parle du Créateur (cf. *Rm* 1, 20) et de son amour pour l'humanité. Elle est destinée à être « récapitulée » dans le Christ à la fin des temps (cf. *Ep* 1, 9-10; *Col* 1, 19-20). Elle a donc elle aussi une « vocation[115] ». La nature

115. Jean-Paul II, *Message pour la Journée Mondiale de la Paix 1990*, n. 6: AAS 82 (1990), 150; *DC* 89 (1990) p. 10.

est à notre disposition non pas comme « un tas de choses répandues au hasard[116] », mais au contraire comme un don du Créateur qui en a indiqué les lois intrinsèques afin que l'homme en tire les orientations nécessaires pour « la garder et la cultiver » (*Gn* 2, 15). Toutefois, il faut souligner que considérer la nature comme plus importante que la personne humaine elle-même est contraire au véritable développement. Cette position conduit à des attitudes néopaïennes ou liées à un nouveau panthéisme : le salut de l'homme ne peut pas dériver de la nature seule, comprise au sens purement naturaliste. Par ailleurs, la position inverse, qui vise à sa technicisation complète, est également à rejeter car le milieu naturel n'est pas seulement un matériau dont nous pouvons disposer à notre guise, mais c'est l'œuvre admirable du Créateur, portant en soi une « grammaire » qui indique une finalité et des critères pour qu'il soit utilisé avec sagesse et non pas exploité de manière arbitraire. Aujourd'hui, de nombreux obstacles au développement proviennent précisément de ces conceptions erronées. Réduire complètement la nature à un ensemble de données de fait finit par être source de violence dans les rapports avec l'environnement et finalement par motiver des actions irrespectueuses envers la nature même de l'homme. Étant constituée non seulement de matière mais aussi d'esprit et, en tant que telle, étant riche de significations et de buts transcendants à atteindre, celle-ci revêt un caractère normatif pour la culture. L'homme interprète et façonne le milieu naturel par la culture qui, à son tour, est orientée par la liberté responsable, soucieuse des principes de la loi morale. Les projets en vue d'un développement humain intégral ne peuvent donc ignorer les générations à venir, mais ils doivent se fonder sur *la solidarité et sur la justice*

116. Héraclite d'Éphèse (Éphèse 535 av. J-C environ – 475 av. J-C environ), Fragment 22B124, en H. Diels e W. Kranz, *Die Fragmente der Vorsokratiker*, Weidmann, Berlin 19526.

intergénérationnelles, en tenant compte de multiples aspects : écologique, juridique, économique, politique, culturel[117].

49. Aujourd'hui, les questions liées à la protection et à la sauvegarde de l'environnement doivent prendre en juste considération les *problématiques énergétiques*. L'accaparement des ressources énergétiques non renouvelables par certains États, groupes de pouvoir ou entreprises, constitue, en effet, un grave obstacle au développement des pays pauvres. Ceux-ci n'ont pas les ressources économiques nécessaires pour accéder aux sources énergétiques non renouvelables existantes ni pour financer la recherche de nouvelles sources alternatives. L'accaparement des ressources naturelles qui, dans de nombreux cas, se trouvent précisément dans les pays pauvres, engendre l'exploitation et de fréquents conflits entre nations ou à l'intérieur de celles-ci. Ces conflits se déroulent souvent sur le territoire même de ces pays, entraînant de lourdes conséquences : morts, destructions et autres dommages. La communauté internationale a le devoir impératif de trouver les voies institutionnelles pour réglementer l'exploitation des ressources non renouvelables, en accord avec les pays pauvres, afin de planifier ensemble l'avenir.

Sur ce front aussi, apparaît *l'urgente nécessité morale d'une solidarité renouvelée*, spécialement dans les relations entre les pays en voie de développement et les pays hautement industrialisés[118]. Les sociétés technologiquement avancées peuvent et doivent diminuer leur propre consommation énergétique parce que d'une part, leurs activités manufacturières évoluent et parce que d'autre part, leurs citoyens sont plus sensibles au problème écologique. Ajoutons à cela qu'il est possible d'améliorer aujourd'hui la productivité

117. Conseil Pontifical pour la Justice et la Paix, *Compendium de la Doctrine Sociale de l'Église*, nn. 451-487.

118. Cf. Jean-Paul II, *Message pour la Journée Mondiale de la Paix 1990*, n. 10 : *loc. cit.*, 152-153 ; *DC* 89 (1990) p. 11.

énergétique et qu'il est possible, en même temps, de faire progresser la recherche d'énergies alternatives. Toutefois, une redistribution planétaire des ressources énergétiques est également nécessaire afin que les pays qui n'en ont pas puissent y accéder. Leur destin ne peut être abandonné aux mains du premier venu ou à la logique du plus fort. Ce sont des problèmes importants qui, pour être affrontés de façon efficace, demandent de la part de tous une prise de conscience responsable des conséquences qui retomberont sur les nouvelles générations, surtout sur les très nombreux jeunes présents au sein des peuples pauvres et qui « demandent leur part active dans la construction d'un monde meilleur[119] ».

50. Cette responsabilité est globale, parce qu'elle ne concerne pas seulement l'énergie, mais toute la création, que nous ne devons pas transmettre aux nouvelles générations appauvrie de ses ressources. Il est juste que l'homme puisse exercer *une maîtrise responsable sur la nature* pour la protéger, la mettre en valeur et la cultiver selon des formes nouvelles et avec des technologies avancées, afin que la terre puisse accueillir dignement et nourrir la population qui l'habite. Il y a de la place pour tous sur la terre : la famille humaine tout entière doit y trouver les ressources nécessaires pour vivre correctement grâce à la nature elle-même, don de Dieu à ses enfants, et par l'effort de son travail et de sa créativité. Nous devons cependant avoir conscience du grave devoir que nous avons de laisser la terre aux nouvelles générations dans un état tel qu'elles puissent elles aussi l'habiter décemment et continuer à la cultiver. Cela implique de s'engager à prendre ensemble des décisions, « après avoir examiné de façon responsable la route à suivre,

---

119. Paul VI, Lett. enc. *Populorum progressio* (26 mars 1967), n. 65 : *loc. cit.*, 289 ; *DC* 64 (1967) col. 696.

en vue de renforcer *l'alliance entre l'être humain et l'environnement*, qui doit être le reflet de l'amour créateur de Dieu, de qui nous venons et vers qui nous allons[120] ». Il est souhaitable que la communauté internationale et chaque gouvernement sachent contrecarrer efficacement les modalités d'exploitation de l'environnement qui s'avèrent néfastes. Il est par ailleurs impératif que les autorités compétentes entreprennent tous les efforts nécessaires afin que les coûts économiques et sociaux dérivant de l'usage des ressources naturelles communes soient établis de façon transparente et soient entièrement supportés par ceux qui en jouissent et non par les autres populations ou par les générations futures : la protection de l'environnement, des ressources et du climat demande que tous les responsables internationaux agissent ensemble et démontrent leur résolution à travailler honnêtement, dans le respect de la loi et de la solidarité à l'égard des régions les plus faibles de la planète[121]. L'une des plus importantes tâches de l'économie est précisément l'utilisation la plus efficace des ressources, et non leur abus, sans jamais oublier que la notion d'efficacité n'est pas axiologiquement neutre.

51. *La façon dont l'homme traite l'environnement influence les modalités avec lesquelles il se traite lui-même et réciproquement.* C'est pourquoi la société actuelle doit réellement reconsidérer son style de vie qui, en de nombreuses régions du monde, est porté à l'hédonisme et au consumérisme, demeurant indifférente aux dommages qui en découlent[122]. Un véritable changement de mentalité est nécessaire qui

120. Benoît XVI, *Message pour la Journée Mondiale de la Paix 2008*, n. 7 : AAS 100 (2008), 41 ; *DC* 105 (2008) p. 4.

121. Cf. Benoît XVI, *Discours aux membres de l'Assemblée Générale de l'Organisation des Nations Unies*, New York, 18 avril 2008 ; *DC* 105 (2008) pp. 533-537.

122. Cf. Jean-Paul II, *Message pour la Journée Mondiale de la Paix 1990*, n. 13 : *loc. cit.*, 154-155 ; *DC* 97 (1990) pp. 11-12.

nous amène à adopter de nouveaux styles de vie « dans lesquels les éléments qui déterminent les choix de consommation, d'épargne et d'investissement soient la recherche du vrai, du beau et du bon, ainsi que la communion avec les autres hommes pour une croissance commune[123] ». Toute atteinte à la solidarité et à l'amitié civique provoque des dommages à l'environnement, de même que la détérioration de l'environnement, à son tour, provoque l'insatisfaction dans les relations sociales. À notre époque en particulier, la nature est tellement intégrée dans les dynamiques sociales et culturelles qu'elle ne constitue presque plus une donnée indépendante. La désertification et la baisse de la productivité de certaines régions agricoles sont aussi le fruit de l'appauvrissement et du retard des populations qui y habitent. En stimulant le développement économique et culturel de ces populations, on protège aussi la nature. En outre, combien de ressources naturelles sont dévastées par les guerres ! La paix des peuples et entre les peuples permettrait aussi une meilleure sauvegarde de la nature. L'accaparement des ressources, spécialement de l'eau, peut provoquer de graves conflits parmi les populations concernées. Un accord pacifique sur l'utilisation des ressources peut préserver la nature et, en même temps, le bien-être des sociétés intéressées.

L'Église a une responsabilité envers la création et doit la faire valoir publiquement aussi. Ce faisant, elle doit préserver non seulement la terre, l'eau et l'air comme dons de la création appartenant à tous, elle doit aussi surtout protéger l'homme de sa propre destruction. Une sorte d'écologie de l'homme, comprise de manière juste, est nécessaire. La dégradation de l'environnement est en effet étroitement liée à la culture qui façonne la communauté humaine : *quand*

---

123. Jean-Paul II, Lett. enc. *Centesimus annus* (1er mai 1991), n. 36 : *loc. cit.*, 36 ; *DC* 88 (1991) pp. 536-537.

l'« écologie humaine[124] *» est respectée dans la société, l'écologie proprement dite en tire aussi avantage.* De même que les vertus humaines sont connexes, si bien que l'affaiblissement de l'une met en danger les autres, ainsi le système écologique s'appuie sur le respect d'un projet qui concerne aussi bien la saine coexistence dans la société que le bon rapport avec la nature.

Pour préserver la nature, il n'est pas suffisant d'intervenir au moyen d'incitations ou de mesures économiques dissuasives, une éducation appropriée n'y suffit pas non plus. Ce sont là des outils importants, mais *le point déterminant est la tenue morale de la société dans son ensemble.* Si le droit à la vie et à la mort naturelle n'est pas respecté, si la conception, la gestation et la naissance de l'homme sont rendues artificielles, si des embryons humains sont sacrifiés pour la recherche, la conscience commune finit par perdre le concept d'écologie humaine et, avec lui, celui d'écologie environnementale. Exiger des nouvelles générations le respect du milieu naturel devient une contradiction, quand l'éducation et les lois ne les aident pas à se respecter elles-mêmes. Le livre de la nature est unique et indivisible, qu'il s'agisse de l'environnement comme de la vie, de la sexualité, du mariage, de la famille, des relations sociales, en un mot du développement humain intégral. Les devoirs que nous avons vis-à-vis de l'environnement sont liés aux devoirs que nous avons envers la personne considérée en elle-même et dans sa relation avec les autres. On ne peut exiger les uns et piétiner les autres. C'est là une grave antinomie de la mentalité et de la praxis actuelle qui avilit la personne, bouleverse l'environnement et détériore la société.

---

124. *Ibid.* n. 38 : *loc. cit.*, 840-841 ; *DC* 88 (1991) pp. 537-538 ; Benoît XVI, *Message pour la Journée Mondiale de la Paix 2007*, n. 8 : *loc. cit.*, 779 ; *DC* 104 (2007) pp. 57-58.

52. La vérité et l'amour que celle-ci fait entrevoir ne peuvent être fabriqués. Ils peuvent seulement être accueillis. Leur source ultime n'est pas, ni ne peut être, l'homme, mais Dieu, c'est-à-dire Celui qui est Vérité et Amour. Ce principe est très important pour la société et pour le développement, dans la mesure où ni l'une ni l'autre ne peuvent être produits seulement par l'homme. La vocation elle-même des personnes et des peuples au développement ne se fonde pas sur une simple décision humaine, mais elle est inscrite dans un dessein qui nous précède et qui constitue pour chacun de nous un devoir à accueillir librement. Ce qui nous précède et qui nous constitue – l'Amour et la Vérité subsistants – nous indique ce qu'est le bien et en quoi consiste notre bonheur. *Il nous montre donc la route qui conduit au véritable développement.*

Chapitre V

LA COLLABORATION DE LA FAMILLE HUMAINE

53. Une des pauvretés les plus profondes que l'homme puisse expérimenter est la solitude. Tout bien considéré, les autres formes de pauvreté, y compris les pauvretés matérielles, naissent de l'isolement, du fait de ne pas être aimés ou de la difficulté d'aimer. Les pauvretés sont souvent la conséquence du refus de l'amour de Dieu, d'une fermeture originelle tragique de l'homme en lui-même, qui pense se suffire à lui-même, ou bien considère n'être qu'un simple fait insignifiant et éphémère, un « étranger » dans un univers qui s'est constitué par hasard. L'homme est aliéné quand il est seul ou quand il se détache de la réalité, quand il renonce à penser et à croire en un Fondement[125]. L'humanité tout entière est aliénée quand elle met sa confiance en des projets purement humains, en des idéologies et en de fausses utopies[126]. De nos jours, l'humanité apparaît beaucoup plus interactive qu'autrefois: cette plus grande proximité doit se transformer en une communion véritable. *Le développement des peuples dépend surtout de la reconnaissance du fait que nous formons une seule famille* qui collabore dans une communion véritable et qui est constituée de sujets qui ne vivent pas simplement les uns à côté des autres[127].

---

125. Cf. Jean-Paul II, Lett. enc. *Centesimus annus* (1er mai 1991), n. 41 : *loc. cit.*, 843-845 ; *DC* 88 (1991) pp. 538-539.

126. Cf. *ibid.*

127. Cf. Jean-Paul II, Lett. enc. *Evangelium vitæ* (25 mars 1995), n. 20 : *loc. cit.*, 422-424 ; *DC* 92 (1995) p. 360.

Paul VI remarquait que « le monde est en malaise faute de pensée[128] ». Cette affirmation renferme une constatation, mais surtout un souhait : il faut qu'il y ait un renouveau de la pensée pour mieux comprendre ce qu'implique le fait que nous formons une famille ; les échanges entre les peuples de la planète exigent un tel renouveau, afin que l'intégration puisse se réaliser sous le signe de la solidarité[129] plutôt que de la marginalisation. Une telle pensée nous oblige à *approfondir de manière critique et sur le plan des valeurs la catégorie de la relation.* Un tel effort ne peut être mené par les seules sciences sociales, car il requiert l'apport de savoirs tels que la métaphysique et la théologie, pour comprendre de façon éclairée la dignité transcendante de l'homme.

La créature humaine, qui est de nature spirituelle, se réalise dans les relations interpersonnelles. Plus elle les vit de manière authentique, plus son identité personnelle mûrit également. Ce n'est pas en s'isolant que l'homme se valorise lui-même, mais en se mettant en relation avec les autres et avec Dieu. L'importance de ces relations devient alors fondamentale. Cela vaut aussi pour les peuples. Pour leur développement, une vision métaphysique de la relation entre les personnes est donc très utile. À cet égard, la raison trouve une inspiration et une orientation dans la révélation chrétienne, selon laquelle la communauté des hommes n'absorbe pas en soi la personne, anéantissant son autonomie, comme cela se produit dans les diverses formes de

128. Lett. enc. *Populorum progressio* (26 mars 1967), n. 85 : *loc. cit.*, 298-299 ; *DC* 64 (1967) p. 702.

129. Cf. Jean-Paul II, *Message pour la Journée Mondiale de la Paix 1998*, n. 3 : AAS 90 (1998), 150 ; *DC* 95 (1998) pp. 2-3 ; Id., *Discours aux membres de la Fondation Centesimus annus pro Pontefice*, 9 mai 1998, n. 2 ; *Oss. Rom. fr.* n. 20 (1998) p. 2 ; Id., *Discours aux Autorités et au Corps diplomatique*, Vienne, 20 juin 1998, n. 8 ; *DC* 95 (1998) p. 689 ; Id., *Message au Recteur de l'Université catholique du Sacré-Cœur*, 5 mai 2000, n. 6 ; *Insegnamenti di Giovanni Paolo II* XXIII, 1 (2000), 759-760.

totalitarisme, mais elle la valorise encore davantage car le rapport entre individu et communauté est celui d'un tout vers un autre tout[130]. Tout comme la communauté familiale n'abolit pas en elle les personnes qui la composent et comme l'Église elle-même valorise pleinement la 'créature nouvelle' (cf. *Ga* 6, 15; 2 *Co* 5, 17) qui, par le baptême, s'insère dans son Corps vivant, de la même manière l'unité de la famille humaine n'abolit pas en elle les personnes, les peuples et les cultures, mais elle les rend plus transparents les uns aux autres, plus unis dans leurs légitimes diversités.

54. Le thème du développement coïncide avec celui de l'inclusion relationnelle de toutes les personnes et de tous les peuples dans l'unique communauté de la famille humaine qui se construit dans la solidarité sur la base des valeurs fondamentales de la justice et de la paix. Cette perspective est éclairée de manière décisive par la relation entre les trois Personnes de la Sainte Trinité dans leur unique Substance divine. La Trinité est unité absolue, car les trois Personnes divines sont relationnalité pure. La transparence réciproque entre les Personnes divines est complète et le lien entre l'une et l'autre est total, parce qu'elles constituent une unité et unicité absolue. Dieu veut nous associer nous aussi à cette réalité de communion: « pour qu'ils soient un comme nous sommes un » (*Jn* 17, 22). L'Église est signe et instrument de cette unité[131]. Les relations entre les hommes tout au long de l'histoire ne peuvent que tirer avantage de cette référence au divin Modèle. *À la lumière de la révélation du mystère de la Trinité*, on comprend en particulier que

130. Selon saint Thomas « ratio partis contrariatur rationi personae » in *III Sent.* D. 5, 3, 2; et aussi « Homo non ordinatur ad communitatem politicam secundum se totum et secundum omnia sua » in *Summa Theologiae* I-II, q. 21, a. 4, ad 3um.

131. Cf. Conc. œcum. Vat. II, Const. dogm. sur l'Église *Lumen gentium*, n.1.

l'ouverture authentique n'implique pas une dispersion centrifuge, mais une compénétration profonde. C'est ce qui apparaît aussi à travers les expériences humaines communes de l'amour et de la vérité. De même que l'amour sacramentel entre les époux les unit spirituellement en « une seule chair » (*Gn* 2, 24; *Mt* 19, 5; *Ep* 5, 31) et de deux qu'ils étaient en fait une unité relationnelle réelle, de manière analogue, la vérité unit les esprits entre eux et les fait penser à l'unisson, en les attirant et en les unissant en elle.

55. La révélation chrétienne de l'unité du genre humain présuppose *une interprétation métaphysique de l'*humanum *où la relation est un élément essentiel.* D'autres cultures et d'autres religions enseignent elles aussi la fraternité et la paix, et présentent donc une grande importance pour le développement humain intégral. Il n'est pas rare cependant que des attitudes religieuses ou culturelles ne prennent pas pleinement en compte le principe de l'amour et de la vérité; elles constituent alors un frein au véritable développement humain et même un empêchement. Le monde d'aujourd'hui est pénétré par certaines cultures, dont le fond est religieux, qui n'engagent pas l'homme à la communion, mais l'isolent dans la recherche du bien-être individuel, se limitant à satisfaire ses attentes psychologiques. Une certaine prolifération d'itinéraires religieux suivis par de petits groupes ou même par des personnes individuelles, ainsi que le syncrétisme religieux peuvent être des facteurs de dispersion et de désengagement. La tendance à favoriser un tel syncrétisme est un effet négatif possible du processus de mondialisation[132], lorsqu'il alimente des formes de « religions » qui rendent les personnes étrangères les unes aux autres au lieu de favoriser leur rencontre et qui les éloignent

---

132. Cf. Jean-Paul II, *Discours à la VI**e* *séance publique des Académies Pontificales*, 8 novembre 2001, n. 3; *Oss. Rom. fr.* n. 47 (2001) p. 6.

de la réalité. Dans le même temps, subsistent parfois des héritages culturels et religieux qui figent la société en castes sociales immuables, dans des croyances magiques qui ne respectent pas la dignité de la personne, dans des attitudes de sujétion à des forces occultes. Dans de tels contextes, l'amour et la vérité peuvent difficilement s'affirmer, non sans préjudice pour le développement authentique.

C'est pourquoi, s'il est vrai, d'une part, que le développement a besoin des religions et des cultures des différents peuples, il n'en reste pas moins vrai, d'autre part, qu'opérer un discernement approprié est nécessaire. La liberté religieuse ne veut pas dire indifférence religieuse et elle n'implique pas que toutes les religions soient équivalentes[133]. Un discernement concernant la contribution que peuvent apporter les cultures et les religions en vue d'édifier la communauté sociale dans le respect du bien commun s'avère nécessaire, en particulier de la part de ceux qui exercent le pouvoir politique. Un tel discernement devra se fonder sur le critère de la charité et de la vérité. Et puisque est en jeu le développement des personnes et des peuples, il devra tenir compte de la possibilité d'émancipation et d'intégration dans la perspective d'une communauté humaine vraiment universelle. « Tout l'homme et tous les hommes », c'est un critère qui permet d'évaluer aussi les cultures et les religions. Le christianisme, religion du « Dieu qui possède un visage humain[134] » porte en lui un tel critère.

---

133. Cf. Congrégation pour la Doctrine de la Foi, Déclaration *Dominus Jesus* (6 août 2000), n. 22 : AAS 92 (2000), 763-764 ; *DC* 97 (2000) p. 820 ; Id., *Note doctrinale à propos de questions sur l'engagement et le comportement des catholiques dans la vie politique* (24 novembre 2002), n. 8 ; *DC* 100 (2003) p. 136.

134. Benoît XVI, Lett. enc. *Spe salvi* (30 novembre 2007), n. 31 : *loc. cit.*, 1010 ; *DC* 105 (2008) p. 28 ; Id. *Discours aux participants du IVe Congrès ecclésial national italien*, Vérone, 19 octobre 2006 ; *Oss. Rom. fr.* n. 43 (2006) pp. 3-5.

56. La religion chrétienne et les autres religions peuvent apporter leur contribution au développement *seulement si Dieu a aussi sa place dans la sphère publique*, et cela concerne les dimensions culturelle, sociale, économique et particulièrement politique. La doctrine sociale de l'Église est née pour revendiquer ce « droit de cité[135] » de la religion chrétienne. La négation du droit de professer publiquement sa religion et d'œuvrer pour que les vérités de la foi inspirent aussi la vie publique a des conséquences négatives sur le développement véritable. L'exclusion de la religion du domaine public, comme, par ailleurs, le fondamentalisme religieux, empêchent la rencontre entre les personnes et leur collaboration en vue du progrès de l'humanité. La vie publique s'appauvrit et la politique devient opprimante et agressive. Les droits humains risquent de ne pas être respectés soit parce qu'ils sont privés de leur fondement transcendant soit parce que la liberté personnelle n'est pas reconnue. Dans le laïcisme et dans le fondamentalisme, la possibilité d'un dialogue fécond et d'une collaboration efficace entre la raison et la foi religieuse s'évanouit. *La raison a toujours besoin d'être purifiée par la foi*, et ceci vaut également pour la raison politique, qui ne doit pas se croire toute puissante. À son tour, *la religion a toujours besoin d'être purifiée par la raison* afin qu'apparaisse son visage humain authentique. La rupture de ce dialogue a un prix très lourd au regard du développement de l'humanité.

57. Le dialogue fécond entre foi et raison ne peut que rendre plus efficace l'œuvre de la charité dans le champ social et constitue le cadre le plus approprié pour encourager *la collaboration fraternelle entre croyants et non croyants*

135. Jean-Paul II, Lett. enc. *Centesimus annus* (1er mai 1991), n. 5 : *loc. cit.*, 798-800 ; *DC* 88 (1991) p. 521 ; Benoît XVI, *Discours aux participants du IVe Congrès ecclésial national italien*, Vérone, 19 octobre 2006 ; *Oss. Rom. fr.* n. 43 (2006) pp. 3-5.

dans leur commune intention de travailler pour la justice et pour la paix de l'humanité. Dans la Constitution pastorale Gaudium et Spes, les Pères du Concile affirmaient : « Croyants et incroyants sont généralement d'accord sur ce point : tout sur terre doit être ordonné à l'homme comme à son centre et à son sommet[136] ». Pour les croyants, le monde n'est le fruit ni du hasard ni de la nécessité, mais celui d'un projet de Dieu. De là naît pour les croyants le devoir d'unir leurs efforts à ceux de tous les hommes et toutes les femmes de bonne volonté appartenant à d'autres religions ou non croyants, afin que notre monde soit effectivement conforme au projet divin : celui de vivre comme une famille sous le regard du Créateur. Le *principe de subsidiarité*[137], expression de l'inaliénable liberté humaine, est, à cet égard, une manifestation particulière de la charité et un guide éclairant pour la collaboration fraternelle entre croyants et non croyants. La subsidiarité est avant tout une aide à la personne, à travers l'autonomie des corps intermédiaires. Cette aide est proposée lorsque la personne et les acteurs sociaux ne réussissent pas à faire par eux-mêmes ce qui leur incombe et elle implique toujours que l'on ait une visée émancipatrice qui favorise la liberté et la participation en tant que responsabilisation. La subsidiarité respecte la dignité de la personne en qui elle voit un sujet toujours capable de donner quelque chose aux autres. En reconnaissant que la réciprocité fonde la constitution intime de l'être humain, la subsidiarité est l'antidote le plus efficace contre toute forme d'assistance paternaliste. Elle peut rendre compte aussi bien des multiples articulations entre les divers plans et donc de la pluralité des acteurs, que de leur coordination. Il s'agit donc

---

136. N. 12.

137. Cf. Pie XI, Lett. enc. *Quadragesimo anno* (15 mai 1931) : AAS 23 (1931) 203 ; Jean-Paul II, Lett. enc. *Centesimus annus* (1er mai 1991), n. 48 : *loc. cit.*, 852-854 ; *DC* 88 (1991) p. 543 ; cf. *Catéchisme de l'Église catholique*, n. 1883.

d'un principe particulièrement apte à gouverner la mondialisation et à l'orienter vers un véritable développement humain. Pour ne pas engendrer un dangereux pouvoir universel de type monocratique, *la « gouvernance » de la mondialisation doit être de nature subsidiaire*, articulée à de multiples niveaux et sur divers plans qui collaborent entre eux. La mondialisation réclame certainement une autorité, puisque est en jeu le problème du bien commun qu'il faut poursuivre ensemble; cependant cette autorité devra être exercée de manière subsidiaire et polyarchique[138] pour, d'une part, ne pas porter atteinte à la liberté et, d'autre part, pour être concrètement efficace.

58. *Le principe de subsidiarité doit être étroitement relié au principe de solidarité et vice-versa*, car si la subsidiarité sans la solidarité tombe dans le particularisme, il est également vrai que la solidarité sans la subsidiarité tombe dans l'assistanat qui humilie celui qui est dans le besoin. Cette règle de caractère général doit être prise sérieusement en considération notamment quand il s'agit d'affronter des questions relatives aux *aides internationales pour le développement*. Malgré l'intention des donateurs, celles-ci peuvent parfois maintenir un peuple dans un état de dépendance et même aller jusqu'à favoriser des situations de domination locale et d'exploitation dans le pays qui reçoit cette aide. Les aides économiques, pour être vraiment telles, ne doivent pas poursuivre des buts secondaires. Elles doivent être accordées en collaboration non seulement avec les gouvernements des pays intéressés, mais aussi avec les acteurs économiques locaux et les acteurs de la société civile qui sont porteurs de culture, y compris les Églises locales. Les programmes d'aide doivent prendre de plus en plus les

---

138. Cf. Jean XXIII, Lett. enc. *Pacem in terris* (11 avril 1963), n. 74: *loc. cit.*, 274; *DC* 60 (1963) col. 526-527.

caractéristiques de programmes intégrés soutenus par la base. Rappelons que la plus grande ressource à mettre en valeur dans les pays qui ont besoin d'aide au développement, est la ressource humaine : c'est là le véritable capital qu'il faut faire grandir afin d'assurer aux pays les plus pauvres un avenir autonome effectif. Il convient aussi de rappeler que, dans le domaine économique, l'aide primordiale dont les pays en voie de développement ont besoin est de permettre et de favoriser l'introduction progressive de leurs produits sur les marchés internationaux, rendant ainsi possible leur pleine participation à la vie économique internationale. Trop souvent, par le passé, les aides n'ont servi qu'à créer des marchés marginaux pour les produits de ces pays. Cela est souvent dû à l'absence d'une véritable demande pour ces produits : il est donc nécessaire d'aider ces pays à améliorer leurs produits et à mieux les adapter à la demande. Il faut souligner encore que nombreux sont ceux qui ont longtemps craint la concurrence des importations de produits, en général agricoles, provenant des pays économiquement pauvres. Il ne faut cependant pas oublier que pour ces pays, la possibilité de commercialiser ces produits signifie souvent assurer leur survie à court et à long terme. Un commerce international juste et équilibré dans le domaine agricole peut être profitable à tous, aussi bien du côté de l'offre que de celui de la demande. C'est pourquoi, il est nécessaire, non seulement, d'orienter ces productions sur le plan commercial, mais aussi d'établir des règles commerciales internationales qui les soutiennent, tout en renforçant le financement des aides au développement pour rendre ces économies plus productives.

59. *La coopération au développement* ne doit pas prendre en considération la seule dimension économique ; elle doit devenir une grande *occasion de rencontre culturelle et humaine.* Si les acteurs de la coopération des pays économiquement

développés ne prennent pas en compte leur propre identité culturelle, comme cela arrive parfois, ni celle des autres et des valeurs humaines qui y sont liées, ils ne peuvent pas instaurer un dialogue profond avec les citoyens des pays pauvres. Si, à leur tour, ces derniers s'ouvrent, indifféremment et sans discernement, à n'importe quelle proposition culturelle, ils ne sont plus en mesure d'assumer la responsabilité de leur développement authentique[139]. Les sociétés technologiquement avancées ne doivent pas confondre leur propre développement technologique avec une soi-disant supériorité culturelle, mais elles doivent redécouvrir en elles-mêmes les vertus, parfois oubliées, qui les ont fait progresser tout au long de leur histoire. Les sociétés en voie de développement doivent rester fidèles à tout ce qui est authentiquement humain dans leurs traditions, en évitant d'y superposer automatiquement les mécanismes de la civilisation technologique mondiale. De multiples et singulières convergences éthiques se trouvent dans toutes les cultures; elles sont l'expression de la même nature humaine, voulue par le Créateur et que la sagesse éthique de l'humanité appelle la loi naturelle[140]. Cette loi morale universelle est le fondement solide de tout dialogue culturel, religieux et politique et elle permet au pluralisme multiforme des diverses cultures de ne pas se détacher de la recherche commune du vrai, du bien et de Dieu. L'adhésion à cette loi inscrite dans les cœurs, est donc le présupposé de toute collaboration sociale constructive. Toutes les cultures ont des pesanteurs dont elles doivent se libérer, des ombres auxquelles elles doivent se soustraire. La foi chrétienne, qui

---

139. Cf. Paul VI, Lett. enc. *Populorum progressio* (26 mars 1967), nn. 10.41 : *loc. cit.*, 262.277-278; *DC* 64 (1967) col. 677-678. 688-689.

140. Cf. Benoît XVI, *Discours aux membres de la Commission théologique internationale*, 5 octobre 2007; *DC* 104 (2007) pp. 1084-1086; Id., *Discours au Congrès international sur la loi naturelle*, Université pontificale du Latran, 12 février 2007; *DC* 104 (2007) pp. 354-356.

s'incarne dans les cultures en les transcendant, peut les aider à grandir dans la convivialité et dans la solidarité universelles au bénéfice du développement communautaire et planétaire.

60. Dans la recherche de solutions à la crise économique actuelle, *l'aide au développement des pays pauvres doit être considérée comme un véritable instrument de création de richesse pour tous*. Quel projet d'aide peut prévoir une croissance de valeur aussi significative – y compris de l'économie mondiale – comme peut le faire le soutien aux populations qui se trouvent encore à une phase initiale ou peu avancée de leur processus de développement économique ? Dans cette perspective, les États économiquement plus développés feront tout leur possible pour destiner aux aides au développement un pourcentage plus important de leur produit intérieur brut, en respectant les engagements pris dans ce domaine au niveau de la communauté internationale. Ils pourront le faire aussi en révisant leurs politiques intérieures d'assistance et de solidarité sociale, y appliquant le principe de subsidiarité et créant des systèmes de protection sociale mieux intégrés, qui favorisent une participation active des personnes privées et de la société civile. De cette manière, il est même possible d'améliorer les services sociaux et les organismes d'assistance et, en même temps, d'épargner des ressources en éliminant le gaspillage et les indemnités abusives, qui pourraient être destinées à la solidarité internationale. Un système de solidarité sociale plus largement participatif et mieux organisé, moins bureaucratique sans être pour autant moins coordonné, permettrait de valoriser de nombreuses énergies, actuellement en sommeil, et tournerait à l'avantage de la solidarité entre les peuples.

Une possibilité d'aide au développement pourrait résider dans l'application efficace de ce qu'on appelle communément la subsidiarité fiscale, qui permettrait aux citoyens de décider de la destination d'une part de leurs impôts versés à l'État. En ayant soin d'éviter toute dégénération dans le particularisme, cela peut aider à encourager des formes de solidarité sociale à partir des citoyens eux-mêmes, avec des bénéfices évidents sur le plan la solidarité pour le développement.

61. Une solidarité plus large au niveau international s'exprime avant tout en continuant à promouvoir, même dans des situations de crise économique, *un meilleur accès à l'éducation*, qui est, par ailleurs, la condition essentielle pour que la coopération internationale elle-même soit efficace. Le terme « éducation » ne renvoie pas seulement à l'instruction ou à la formation professionnelle, toutes deux essentielles pour le développement, mais à la formation complète de la personne. À ce propos, il convient de souligner un aspect problématique : pour éduquer il faut savoir qui est la personne humaine, en connaître la nature. Une vision relativiste de cette nature qui tend à s'affirmer de plus en plus pose de sérieux problèmes pour l'éducation, et en particulier pour l'éducation morale, car elle en compromet l'extension au niveau universel. Si l'on cède à un tel relativisme, tous deviennent plus pauvres et cela n'est pas sans conséquences négatives sur l'efficacité même des aides en faveur des populations démunies, qui n'ont pas que des nécessités économiques ou techniques mais qui ont aussi besoin de voies et de moyens pédagogiques qui puissent soutenir les personnes en vue de leur plein épanouissement humain.

Un exemple de l'importance de ce problème nous est offert par le phénomène du *tourisme international*[141] qui peut constituer un facteur notable de développement économique

141. Cf. Benoît XVI, *Discours aux évêques de Thaïlande en visite ad limina, 16 mai 2008*; *DC* 105 (2008) p. 652. *Oss. Rom. fr.* n. 22 (2008) p. 10.

et de croissance culturelle, mais qui peut aussi se transformer en occasion d'exploitation et de déchéance morale. La situation actuelle offre des opportunités uniques pour que les aspects économiques du développement, c'est-à-dire les mouvements de fonds et la création au niveau local d'entreprises d'importance significative, arrivent à être associés aux aspects culturels, au nombre desquels l'aspect éducatif figure en premier lieu. Cela se réalise en de nombreux cas, mais en bien d'autres le tourisme international est un facteur contre-éducatif aussi bien pour le touriste que pour les populations locales. Ces dernières sont souvent confrontées à des comportements immoraux ou même pervers, comme c'est le cas du tourisme dit sexuel, pour lequel tant d'êtres humains sont sacrifiés, même à un jeune âge. Il est douloureux de constater que cela se produit souvent avec l'aval des gouvernements locaux, avec le silence de ceux d'où proviennent les touristes et avec la complicité de nombreux opérateurs de ce secteur. Même si l'on n'atteint pas toujours de tels excès, le tourisme international est vécu, bien souvent, dans un esprit de consommation et de manière hédoniste ; il est vu comme une évasion, avec des modes d'organisation spécifiques aux pays de provenance, de sorte qu'il ne favorise en rien une rencontre véritable entre personnes et cultures. Il convient alors d'imaginer un tourisme différent, capable de promouvoir une vraie connaissance réciproque, sans enlever les espaces nécessaires au repos et à un sain divertissement : un tourisme de ce type doit être développé, en favorisant des liens plus étroits entre les expériences de coopération internationale et celles d'entreprises pour le développement.

62. Le phénomène des *migrations* est un autre aspect qui mérite attention quand on parle de développement humain intégral. C'est un phénomène qui impressionne en raison du nombre de personnes qu'il concerne, des problématiques

sociale, économique, politique, culturelle et religieuse qu'il soulève, et à cause des défis dramatiques qu'il lance aux communautés nationales et à la communauté internationale. Nous pouvons dire que nous nous trouvons face à un phénomène social caractéristique de notre époque, qui requiert une politique de coopération internationale forte et perspicace sur le long terme afin d'être pris en compte de manière adéquate. Une telle politique doit être développée en partant d'une étroite collaboration entre les pays d'origine des migrants et les pays où ils se rendent ; elle doit s'accompagner de normes internationales adéquates, capables d'harmoniser les divers ordres législatifs, dans le but de sauvegarder les exigences et les droits des personnes et des familles émigrées et, en même temps, ceux des sociétés où arrivent ces mêmes émigrés. Aucun pays ne peut penser être en mesure de faire face seul aux problèmes migratoires de notre temps. Nous sommes tous témoins du poids de souffrances, de malaise et d'aspirations qui accompagne les flux migratoires. La gestion de ce phénomène est complexe, nous le savons tous ; il s'avère toutefois que les travailleurs étrangers, malgré les difficultés liées à leur intégration, apportent par leur travail, une contribution appréciable au développement économique du pays qui les accueille, mais aussi à leur pays d'origine par leurs envois d'argent. Il est évident que ces travailleurs ne doivent pas être considérés comme une marchandise ou simplement comme une force de travail. Ils ne doivent donc pas être traités comme n'importe quel autre facteur de production. Tout migrant est une personne humaine qui, en tant que telle, possède des droits fondamentaux inaliénables qui doivent être respectés par tous et en toutes circonstances[142].

---

142. Cf. Conseil pontifical pour la Pastorale des Migrants et des Personnes en déplacement, Instruction *Erga migrantes caritas Christi*, 3 mai 2004 : AAS 96 (2004), 762-822 ; *DC* 101 (2004) p. 658-692.

63. En considérant les problèmes du développement, on ne peut omettre de souligner le lien étroit existant entre *pauvreté et chômage*. Dans de nombreux cas, la pauvreté est le résultat de la *violation de la dignité du travail humain*, soit parce que les possibilités de travail sont limitées (chômage ou sous-emploi), soit parce qu'on mésestime « les droits qui en proviennent, spécialement le droit au juste salaire, à la sécurité de la personne du travailleur et de sa famille[143] ». C'est pourquoi, le 1er mai 2000, mon Prédécesseur de vénérée mémoire, Jean-Paul II, lançait un appel à l'occasion du Jubilé des Travailleurs pour « une coalition mondiale en faveur du travail digne[144] », en encourageant la stratégie de l'Organisation Internationale du Travail. De cette manière, il donnait une forte réponse morale à cet objectif auquel aspirent les familles dans tous les pays du monde. Que veut dire le mot « décent » lorsqu'il est appliqué au travail? Il signifie un travail qui, dans chaque société, soit l'expression de la dignité essentielle de tout homme et de toute femme: un travail choisi librement, qui associe efficacement les travailleurs, hommes et femmes, au développement de leur communauté; un travail qui, de cette manière, permette aux travailleurs d'être respectés sans aucune discrimination; un travail qui donne les moyens de pourvoir aux nécessités de la famille et de scolariser les enfants, sans que ceux-ci ne soient eux-mêmes obligés de travailler; un travail qui permette aux travailleurs de s'organiser librement et de faire entendre leur voix; un travail qui laisse un temps suffisant pour retrouver ses propres racines au niveau personnel, familial et spirituel; un travail qui assure aux travailleurs parvenus à l'âge de la retraite des conditions de vie dignes.

---

143. Jean-Paul II, Lett. enc. *Laborem exercens* (14 septembre 1981), n. 8: *loc. cit.*, 594-598; *DC* 78 (1981) p. 840.

144. Jean-Paul II, Jubilé des Travailleurs, *Discours au terme de la concélébration eucharistique*; *DC* 97 (2000) p. 455.

64. En réfléchissant sur le thème du travail, il est opportun d'évoquer l'exigence urgente que les *organisations syndicales des travailleurs*, qui ont toujours été encouragées et soutenues par l'Église, s'ouvrent aux nouvelles perspectives qui émergent dans le domaine du travail. Dépassant les limites propres des syndicats catégoriels, les organisations syndicales sont appelées à affronter les nouveaux problèmes de nos sociétés : je pense, par exemple, à l'ensemble des questions que les spécialistes en sciences sociales repèrent dans les conflits entre individu-travailleur et individu-consommateur. Sans nécessairement épouser la thèse selon laquelle on est passé de la position centrale du travailleur à celle du consommateur, il semble toutefois que cela soit un terrain favorable à des expériences syndicales novatrices. Le contexte d'ensemble dans lequel se déroule le travail requiert lui aussi que les organisations syndicales nationales, qui se limitent surtout à la défense des intérêts de leurs propres adhérents, se tournent vers ceux qui ne le sont pas et, en particulier, vers les travailleurs des pays en voie de développement où les droits sociaux sont souvent violés. La défense de ces travailleurs, promue aussi à travers des initiatives opportunes envers les pays d'origine, permettra aux organisations syndicales de mettre en évidence les authentiques raisons éthiques et culturelles qui leur ont permis, dans des contextes sociaux et de travail différents, d'être un facteur décisif du développement. L'enseignement traditionnel de l'Église reste toujours valable lorsqu'il propose la distinction des rôles et des fonctions du syndicat et de la politique. Cette distinction permettra aux organisations syndicales de déterminer dans la société civile le domaine qui sera le plus approprié à leur action nécessaire pour la défense et la promotion du monde du travail, surtout en faveur des travailleurs exploités et non représentés, dont l'amère condition demeure souvent ignorée par les yeux distraits de la société.

65. Il faut enfin que la *finance* en tant que telle, avec ses structures et ses modalités de fonctionnement nécessairement renouvelées après le mauvais usage qui en a été fait et qui a eu des conséquences néfastes sur l'économie réelle, redevienne un *instrument visant à une meilleure production de richesses et au développement.* Toute l'économie et toute la finance, et pas seulement quelques-uns de leurs secteurs, doivent, en tant qu'instruments, être utilisés de manière éthique afin de créer les conditions favorables pour le développement de l'homme et des peuples. Il est certainement utile, et en certaines circonstances indispensable, de donner vie à des initiatives financières où la dimension humanitaire soit dominante. Mais cela ne doit pas faire oublier que le système financier tout entier doit être orienté vers le soutien d'un développement véritable. Il faut surtout que l'objectif de faire le bien ne soit pas opposé à celui de la capacité effective à produire des biens. Les opérateurs financiers doivent redécouvrir le fondement véritablement éthique de leur activité afin de ne pas faire un usage abusif de ces instruments sophistiqués qui peuvent servir à tromper les épargnants. L'intention droite, la transparence et la recherche de bons résultats sont compatibles et ne doivent jamais être séparées. Si l'amour est intelligent, il sait trouver même les moyens de faire des opérations qui permettent une juste et prévoyante rétribution, comme le montrent, de manière significative, de nombreuses expériences dans le domaine du crédit coopératif.

Une réglementation de ce secteur qui vise à protéger les sujets les plus faibles et à empêcher des spéculations scandaleuses, tout comme l'expérimentation de formes nouvelles de finance destinées à favoriser des projets de développement sont des expériences positives qu'il faut approfondir et encourager, en faisant appel à *la responsabilité même de l'épargnant.* L'*expérience de la microfinance* elle aussi, qui s'enracine dans la réflexion et dans l'action de citoyens humanistes – je pense surtout à la création des Monts de Piété –, doit être renforcée et actualisée, surtout en ces temps où les problèmes financiers peuvent devenir dramatiques pour les couches les plus vulnérables de la population qu'il faut protéger contre les risques du prêt usuraire ou du désespoir. Il faut que les sujets les plus faibles apprennent à se défendre des pratiques usuraires, tout comme il faut que les peuples pauvres apprennent à tirer profit du microcrédit, décourageant de cette manière les formes d'exploitation possibles en ces deux domaines. Puisqu'il existe également de nouvelles formes de pauvreté dans les pays riches, la microfinance peut apporter des aides concrètes pour la création d'initiatives et de secteurs nouveaux en faveur des franges les plus fragiles de la société, même en une période d'appauvrissement possible de l'ensemble de la société.

66. L'interconnexion mondiale a fait surgir un nouveau pouvoir politique, celui des *consommateurs et de leurs associations*. C'est un phénomène sur lequel il faut approfondir la réflexion : il comporte des éléments positifs qu'il convient d'encourager et aussi des excès à éviter. Il est bon que les personnes se rendent compte qu'acheter est non seulement un acte économique mais toujours aussi un acte moral. *Le consommateur a donc une responsabilité sociale* précise qui va de pair avec la responsabilité sociale de l'entreprise. Les consommateurs doivent être éduqués en permanence[145] sur le rôle qu'ils jouent chaque jour et qu'ils peuvent exercer dans le respect des principes moraux, sans diminuer la rationalité économique intrinsèque de l'acte d'acheter. Dans ce domaine des achats aussi, surtout en des moments comme ceux que nous vivons où le pouvoir d'achat risque

---

145. Cf. Jean-Paul II, Lett. enc. *Centesimus annus* (1er mai 1991), n. 36 : *loc. cit.*, 838-840 ; *DC* 88 (1991) p. 536.

de s'affaiblir et où il faudra consommer de manière plus sobre, il est opportun d'ouvrir d'autres voies, comme par exemple des formes de coopération à l'achat, telles que les coopératives de consommation, créées à partir du XIXe siècle grâce notamment à l'initiative des catholiques. Il est en outre utile de favoriser de nouvelles formes de commercialisation des produits en provenance des régions pauvres de la planète afin d'assurer aux producteurs une rétribution décente, à condition toutefois que le marché soit vraiment transparent, que les producteurs ne reçoivent pas seulement des marges bénéficiaires supérieures mais aussi une meilleure formation, une compétence professionnelle et technologique et qu'enfin des idéologies partisanes ne soient pas associées à de telles expériences d'économie pour le développement. Il est souhaitable que, comme facteur de démocratie économique, les consommateurs aient un rôle plus décisif, à condition qu'ils ne soient pas eux-mêmes manipulés par des associations peu représentatives.

67. Face au développement irrésistible de l'interdépendance mondiale, et alors que nous sommes en présence d'une récession également mondiale, l'urgence de la réforme de *l'Organisation des Nations Unies* comme celle de *l'architecture économique et financière internationale* en vue de donner une réalité concrète au concept de famille des Nations, trouve un large écho. On ressent également fortement l'urgence de trouver des formes innovantes pour concrétiser le principe de la *responsabilité de protéger*[146] et pour accorder aux nations les plus pauvres une voix opérante dans les décisions communes. Cela est d'autant plus nécessaire pour la recherche d'un ordre politique, juridique et économique, susceptible d'accroître et d'orienter la

146. Cf. Benoît XVI, *Discours aux membres de l'Assemblée Générale de l'Organisation des Nations Unies*, New York, 18 avril 2008 ; *DC* 105 (2008) pp. 533-537.

collaboration internationale vers le développement solidaire de tous les peuples. Pour le gouvernement de l'économie mondiale, pour assainir les économies frappées par la crise, pour prévenir son aggravation et de plus grands déséquilibres, pour procéder à un souhaitable désarmement intégral, pour arriver à la sécurité alimentaire et à la paix, pour assurer la protection de l'environnement et pour réguler les flux migratoires, il est urgent que soit mise en place une véritable *Autorité politique mondiale* telle qu'elle a déjà été esquissée par mon Prédécesseur, le bienheureux Jean XXIII. Une telle Autorité devra être réglée par le droit, se conformer de manière cohérente aux principes de subsidiarité et de solidarité, être ordonnée à la réalisation du bien commun[147], *s'engager pour la promotion d'un authentique développement humain intégral qui s'inspire des valeurs de l'amour et de la vérité*. Cette Autorité devra en outre être reconnue par tous, jouir d'un pouvoir effectif pour assurer à chacun la sécurité, le respect de la justice et des droits[148]. Elle devra évidemment posséder la faculté de faire respecter ses décisions par les différentes parties, ainsi que les mesures coordonnées adoptées par les divers forums internationaux. En l'absence de ces conditions, le droit international, malgré les grands progrès accomplis dans divers domaines, risquerait en fait d'être conditionné par les équilibres de pouvoir entre les plus puissants. Le développement intégral des peuples et la collaboration internationale exigent que soit institué un degré supérieur d'organisation à l'échelle internationale de type subsidiaire pour la gouvernance de la mondialisation[149] et que soit finalement mis en

147. Cf. Jean XXIII, Lett. enc. *Pacem in terris* (11 avril 1963) : *loc. cit.*, 293 ; *DC* 60 (1963) col. 526-527 ; Conseil pontifical pour la Justice et la Paix, *Compendium de la Doctrine Sociale de l'Église*, n. 441.

148. Cf. Conc. Œcum. Vat. II, Const. Past. sur l'Église dans le monde de ce temps *Gaudium et Spes*, n. 82.

149. Cf. Jean-Paul II, Lett. enc. *Sollicitudo rei socialis* (30 décembre 1987), n. 43 : *loc. cit.*, 574-575 ; *DC* 85 (1988) pp. 252-253.

place un ordre social conforme à l'ordre moral et au lien entre les sphères morale et sociale, entre le politique et la sphère économique et civile que prévoyait déjà le Statut des Nations Unies.

Chapitre VI

LE DÉVELOPPEMENT DES PEUPLES ET LA TECHNIQUE

68. Le thème du développement des peuples est intimement lié à celui du développement de chaque homme. Par nature, la personne humaine est en tension dynamique vers son développement. Il ne s'agit pas d'un développement assuré par des mécanismes naturels, car chacun de nous se sait capable de faire des choix libres et responsables. Il ne s'agit pas non plus d'un développement livré à notre fantaisie, dans la mesure où nous savons tous que nous sommes donnés à nous-mêmes, sans être le résultat d'un auto-engendrement. En nous, la liberté humaine est, dès l'origine, caractérisée par notre être et par ses limites. Personne ne modèle arbitrairement sa conscience, mais tous construisent leur propre « moi » sur la base d'un « soi » qui nous a été donné. Non seulement nous ne pouvons pas disposer des autres, mais nous ne pouvons pas davantage disposer de nous-mêmes. *Le développement de la personne s'étiole, si elle prétend en être l'unique auteur.* Analogiquement, le développement des peuples se dénature, si l'humanité croit pouvoir se recréer en s'appuyant sur les "prodiges" de la technologie. De même, le développement économique s'avère factice et nuisible, s'il s'en remet aux "prodiges" de la finance pour soutenir une croissance artificielle liée à une consommation excessive. Face à cette prétention prométhéenne, nous devons manifester un amour plus fort pour une liberté qui ne soit pas arbitraire, mais vraiment humanisée

par la reconnaissance du bien qui la précède. Dans ce but, il faut que l'homme rentre en lui-même pour reconnaître les normes fondamentales de la loi morale que Dieu a inscrite dans son cœur.

69 Le problème du développement est aujourd'hui très étroitement lié au *progrès technologique* et à ses stupéfiantes applications dans le domaine de la biologie. La technique – il est bon de le souligner – est une réalité profondément humaine, liée à l'autonomie et à la liberté de l'homme. Elle exprime et affirme avec force la maîtrise de l'esprit sur la matière. L'esprit, rendu ainsi « moins esclave des choses, peut facilement s'élever jusqu'à l'adoration et à la contemplation du Créateur[150] ». La technique permet de dominer la matière, de réduire les risques, d'économiser ses forces et d'améliorer les conditions de vie. Elle répond à la vocation même du travail humain : par la technique, œuvre de son génie, l'homme reconnaît ce qu'il est et accomplit son humanité. La technique est l'aspect objectif de l'agir humain[151], dont l'origine et la raison d'être résident dans l'élément subjectif : l'homme qui travaille. C'est pourquoi la technique n'est jamais purement technique. Elle manifeste l'homme et ses aspirations au développement, elle exprime la tendance de l'esprit humain au dépassement progressif de certains conditionnements matériels. *La technique s'inscrit donc dans la mission de cultiver et de garder la terre* (cf. *Gn* 2, 15) que Dieu a confiée à l'homme, et elle doit tendre à renforcer l'alliance entre l'être humain et l'environnement appelé à être le reflet de l'amour créateur de Dieu.

---

150. Paul VI, Lett. enc. *Populorum progressio* (26 mars 1967), n. 41 : *loc. cit.*, 277-278 ; *DC* 64 (1967) col. 688 ; cf. Conc. œcum. Vat. II, Const. past. sur l'Église dans le monde de ce temps *Gaudium et Spes*, n. 57, § 4.

151. Cf. Jean-Paul II, Lett. enc. *Laborem exercens* (14 septembre 1981), n. 5 : *loc. cit.*, 586-589 ; *DC* 78 (1981) p. 838.

70. Le développement technologique peut amener à penser que la technique se suffit à elle-même, quand l'homme, en s'interrogeant uniquement sur le *comment*, omet de considérer tous les *pourquoi* qui le poussent à agir. C'est pour cela que la technique prend des traits ambigus. Née de la créativité humaine comme instrument de la liberté de la personne, elle peut être comprise comme un élément de liberté absolue, liberté qui veut s'affranchir des limites que les choses portent en elles-mêmes. Le processus de mondialisation pourrait substituer la technologie aux idéologies[152], devenue à son tour un pouvoir idéologique qui expose l'humanité au risque de se trouver enfermée dans un *a priori* d'où elle ne pourrait sortir pour rencontrer l'être et la vérité. Dans un tel cas, tous nous connaîtrions, apprécierions et déterminerions toutes les situations de notre vie à l'intérieur d'un horizon culturel technocratique auquel nous appartiendrions structurellement, sans jamais pouvoir trouver un sens qui ne soit pas notre œuvre. Cette vision donne aujourd'hui à la mentalité techniciste tant de force qu'elle fait coïncider le vrai avec le faisable. Mais lorsque les seuls critères de vérité sont l'efficacité et l'utilité, le développement est automatiquement nié. En effet, le vrai développement ne consiste pas d'abord dans le "faire". La clef du développement, c'est une intelligence capable de penser la technique et de saisir le sens pleinement humain du "faire" de l'homme, sur l'horizon de sens de la personne prise dans la globalité de son être. Même quand l'homme agit à l'aide d'un satellite ou d'une impulsion électronique à distance, son action reste toujours humaine, expression d'une liberté responsable. La technique attire fortement l'homme, parce qu'elle le soustrait aux limites physiques et qu'elle élargit son horizon. *Mais la liberté humaine n'est*

---

152. Cf. PaulVI, Lett. ap. *Octogesima adveniens* (14 mai 1971), n. 29: *loc. cit.*, 420; *DC* 68 (1971) p. 508.

vraiment elle-même que lorsqu'elle répond à la fascination de la technique par des décisions qui sont le fruit de la responsabilité morale. Il en résulte qu'il est urgent de se former à la responsabilité éthique dans l'usage de la technique. Partant de la fascination qu'exerce la technique sur l'être humain, on doit retrouver le vrai sens de la liberté, qui ne réside pas dans l'ivresse d'une autonomie totale, mais dans la réponse à l'appel de l'être, en commençant par l'être que nous sommes nous-mêmes.

71. Les phénomènes de la technicisation aussi bien du développement que de la paix montrent qu'il est aujourd'hui possible de détourner la mentalité technique de son lit humaniste originaire. Le développement des peuples est souvent considéré comme un problème d'ingénierie financière, d'ouverture des marchés, d'abattement de droits, d'investissements productifs et de réformes institutionnelles : en définitive comme un problème purement technique. Tous ces domaines sont assurément importants, mais on doit se demander pourquoi les choix de nature technique n'ont connu jusqu'ici que des résultats imparfaits. La raison doit être recherchée plus en profondeur. Le développement ne sera jamais complètement garanti par des forces, pour ainsi dire automatiques et impersonnelles, que ce soit celles du marché ou celles de la politique internationale. *Le développement est impossible, s'il n'y a pas des hommes droits, des acteurs économiques et des hommes politiques fortement interpellés dans leur conscience par le souci du bien commun.* La compétence professionnelle et la cohérence morale sont nécessaires l'une et l'autre. Quand l'absolutisation de la technique prévaut, il y a confusion entre les fins et les moyens : pour l'homme d'affaires, le seul critère d'action sera le profit maximal de la production ; pour l'homme politique, le renforcement du pouvoir ; pour le scientifique, le résultat de ses découvertes. Ainsi, il arrive souvent que, dans

les réseaux des échanges économiques, financiers ou politiques, demeurent des incompréhensions, des malaises et des injustices ; les flux des connaissances techniques se multiplient, mais au bénéfice de leurs propriétaires, tandis que la situation réelle des populations qui vivent sous ces flux dont elles ignorent presque tout, demeure inchangée et sans possibilité réelle d'émancipation.

72. La paix, elle aussi, risque parfois d'être considérée comme un produit technique, fruit des seuls accords entre les gouvernements ou d'initiatives destinées à procurer des aides économiques efficaces. Il est vrai que *bâtir la paix* demande que l'on tisse sans cesse des contacts diplomatiques, des échanges économiques et technologiques, des rencontres culturelles, des accords sur des projets communs, ainsi que le déploiement d'efforts réciproques pour endiguer les menaces de guerre et couper à la racine la tentation récurrente du terrorisme. Toutefois, pour que ces efforts puissent avoir des effets durables, il est nécessaire qu'ils s'appuient sur des valeurs enracinées dans la vérité de la vie. Autrement dit, il faut écouter la voix des populations concernées et examiner leur situation pour en interpréter les attentes avec justesse. On doit, pour ainsi dire, s'inscrire dans la continuité de l'effort anonyme de tant de personnes fortement engagées pour promouvoir les rencontres entre les peuples et favoriser le développement à partir de l'amour et de la compréhension réciproques. Parmi ces personnes, se trouvent aussi des chrétiens, impliqués dans la grande tâche de donner au développement et à la paix un sens pleinement humain.

73. Au développement technologique est liée la diffusion croissante des *moyens de communication sociale*. Il est désormais presque impossible d'imaginer que la famille humaine puisse exister sans eux. Pour le bien et pour le mal, ils sont

insérés à ce point dans la vie du monde, qu'il semble vraiment absurde, comme certains le font, de prétendre qu'ils seraient neutres, et de revendiquer leur autonomie à l'égard de la morale relative aux personnes. De telles perspectives, qui soulignent à l'excès la nature strictement technique des media, favorisent en réalité leur subordination au calcul économique, dans le but de dominer les marchés et, ce qui n'est pas le moins, au désir d'imposer des paramètres culturels de fonctionnement à des fins idéologiques et politiques. Étant donné leur importance fondamentale dans la détermination des changements dans la manière de percevoir et de connaître la réalité et la personne humaine elle-même, il devient nécessaire de réfléchir attentivement à leur influence, en particulier sur le plan éthico-culturel de la mondialisation et du développement solidaire des peuples. Conformément à ce que requiert une gestion correcte de la mondialisation et du développement, *le sens et la finalité des médias doivent être recherchés sur une base anthropologique*. Cela signifie qu'ils peuvent être une *occasion d'humanisation* non seulement quand, grâce au développement technologique, ils offrent de plus grandes possibilités de communication et d'information, mais surtout quand ils sont structurés et orientés à la lumière d'une image de la personne et du bien commun qui en respecte les valeurs universelles. Les moyens de communication sociale ne favorisent pas la liberté de tous et n'universalisent pas le développement et la démocratie pour tous, simplement parce qu'ils multiplient les possibilités d'interconnexion et de circulation des idées. Pour atteindre de tels objectifs, il faut qu'ils aient pour objectif principal la promotion de la dignité des personnes et des peuples, qu'ils soient expressément animés par la charité et mis au service de la vérité, du bien et d'une fraternité naturelle et surnaturelle. Dans l'humanité, en effet, la liberté est intrinsèquement liée à ces valeurs supérieures. Les *media* peuvent constituer une aide puissante pour faire grandir la communion de la famille humaine et l'*ethos* des sociétés, quand ils deviennent des instruments de promotion de la participation de tous à la recherche commune de ce qui est juste.

74. Un domaine primordial et crucial de l'affrontement culturel entre la technique considérée comme un absolu et la responsabilité morale de l'homme est aujourd'hui celui de *la bioéthique*, où se joue de manière radicale la possibilité même d'un développement humain intégral. Il s'agit d'un domaine particulièrement délicat et décisif, où émerge avec une force dramatique la question fondamentale de savoir si l'homme s'est produit lui-même ou s'il dépend de Dieu. Les découvertes scientifiques en ce domaine et les possibilités d'intervention technique semblent tellement avancées qu'elles imposent de choisir entre deux types de rationalité, celle de la raison ouverte à la transcendance et celle d'une raison close dans l'immanence technologique. On se trouve devant un "ou bien, ou bien" (*aut aut*) décisif. Pourtant, la 'rationalité' de l'agir technique centré sur lui-même s'avère irrationnelle, parce qu'elle comporte un refus décisif du sens et de la valeur. Ce n'est pas un hasard si la fermeture à la transcendance se heurte à la difficulté de comprendre comment du néant a pu jaillir l'être et comment du hasard est née l'intelligence[153]. Face à ces problèmes dramatiques, la raison et la foi s'aident réciproquement. Ce n'est qu'ensemble qu'elles sauveront l'homme. *Attirée par l'agir technique pur, la raison sans la foi est destinée à se perdre dans l'illusion de sa toute-puissance. La foi, sans la raison, risque de devenir étrangère à la vie concrète des personnes*[154].

---

153. Cf. Benoît XVI, *Discours aux participants du IVe Congrès ecclésial national italien*, Vérone, 19 octobre 2006 ; *Oss. Rom. fr.* n. 43 (2006) pp. 3-5 ; Id. *Homélie pour la messe sur l'Islinger Feld de Ratisbonne*, 12 septembre 2006, 12 septembre 2006 ; *DC* 103 (2006) pp. 921-923.

154. Cf. Congrégation pour la Doctrine de la Foi, Instruction *Dignitas personae sur quelques questions de bioéthique* (8 septembre 2008) : AAS 100 (2008), 858-887 ; *DC* 104 (2009) pp. 23-38.

75. Paul VI avait déjà reconnu et mis en évidence l'horizon mondial de la question sociale[155]. En le suivant sur ce chemin, il faut affirmer aujourd'hui que *la question sociale est devenue radicalement une question anthropologique*, au sens où elle implique la manière même, non seulement de concevoir, mais aussi de manipuler la vie, remise toujours plus entre les mains de l'homme par les biotechnologies. La fécondation *in vitro*, la recherche sur les embryons, la possibilité du clonage et de l'hybridation humaine apparaissent et sont promues dans la culture contemporaine du désenchantement total qui croit avoir dissipé tous les mystères, parce qu'on est désormais parvenu à la racine de la vie. C'est ici que l'absolutisme de la technique trouve son expression la plus grande. Dans ce genre de culture, la conscience n'est appelée à prendre acte que d'une pure possibilité technique. On ne peut minimiser alors les scénarios inquiétants pour l'avenir de l'homme ni la puissance des nouveaux instruments dont dispose la « culture de mort ». À la plaie tragique et profonde de l'avortement, pourrait s'ajouter à l'avenir, et c'est déjà subrepticement *in nuce* (en germe), une planification eugénique systématique des naissances. D'un autre côté, on voit une *mens eutanasica* (mentalité favorable à l'euthanasie) se frayer un chemin, manifestation tout aussi abusive d'une volonté de domination sur la vie, qui, dans certaines conditions, n'est plus considérée comme digne d'être vécue. Derrière tout cela se cachent des positions culturelles négatrices de la dignité humaine. Ces pratiques, à leur tour, renforcent une conception matérialiste et mécaniste de la vie humaine. Qui pourra mesurer les effets négatifs d'une pareille mentalité sur le développement ? Comment pourra-t-on s'étonner de l'indifférence devant des situations humaines de dégradation, si l'indifférence caractérise même

---

155. Cf. Paul VI, Lett. enc. *Populorum progressio* (26 mars 1967), n. 3 : *loc. cit.*, 258. *DC* 64 (1967) col. 675.

notre attitude à l'égard de la frontière entre ce qui est humain et ce qui ne l'est pas ? Ce qui est stupéfiant, c'est la capacité de sélectionner arbitrairement ce qui, aujourd'hui, est proposé comme digne de respect. Prompts à se scandaliser pour des questions marginales, beaucoup semblent tolérer des injustices inouïes. Tandis que les pauvres du monde frappent aux portes de l'opulence, le monde riche risque de ne plus entendre les coups frappés à sa porte, sa conscience étant désormais incapable de reconnaître l'humain. Dieu révèle l'homme à l'homme ; la raison et la foi collaborent pour lui montrer le bien, à condition qu'il veuille bien le voir ; la loi naturelle, dans laquelle resplendit la Raison créatrice, montre la grandeur de l'homme, mais aussi sa misère, quand il méconnaît l'appel de la vérité morale.

76. Un des aspects de l'esprit techniciste moderne se vérifie dans la tendance à ne considérer les problèmes et les mouvements liés à la vie intérieure que d'un point de vue psychologique, et cela jusqu'au réductionnisme neurologique. L'homme est ainsi privé de son intériorité, et l'on assiste à une perte progressive de la conscience de la consistance ontologique de l'âme humaine, avec les profondeurs que les Saints ont su sonder. *Le problème du développement est strictement lié aussi à notre conception de l'âme humaine*, dès lors que notre moi est souvent réduit à la psyché et que la santé de l'âme se confond avec le bien-être émotionnel. Ces réductions se fondent sur une profonde incompréhension de la vie spirituelle et elles conduisent à méconnaître que le développement de l'homme et des peuples dépend en fait aussi de la résolution de problèmes de nature spirituelle. Le développement doit comprendre une croissance spirituelle, et pas seulement matérielle, parce que la personne humaine est une « unité d'âme et de corps[156] », née de l'amour créateur

156. Conc. œcum. Vat. II, Const. past. sur l'Église dans le monde de ce temps *Gaudium et Spes*, n. 14.

de Dieu et destinée à vivre éternellement. L'être humain se développe quand il grandit dans l'esprit, quand son âme se connaît elle-même et connaît les vérités que Dieu y a imprimées en germe, quand il dialogue avec lui-même et avec son Créateur. Loin de Dieu, l'homme est inquiet et fragile. L'aliénation sociale et psychologique, avec toutes les névroses qui caractérisent les sociétés opulentes, s'explique aussi par des causes d'ordre spirituel. Une société du bien-être, matériellement développée, mais oppressive pour l'âme, n'est pas de soi orientée vers un développement authentique. Les nouvelles formes d'esclavage de la drogue et le désespoir dans lequel tombent de nombreuses personnes ont une explication non seulement sociologique et psychologique, mais essentiellement spirituelle. Le vide auquel l'âme se sent livrée, malgré de nombreuses thérapies pour le corps et pour la psyché, produit une souffrance. *Il n'y a pas de développement plénier et de bien commun universel sans bien spirituel et moral des personnes*, considérées dans l'intégrité de leur âme et de leur corps.

77. L'absolutisme de la technique tend à provoquer une incapacité à percevoir ce qui ne s'explique pas par la simple matière. Pourtant, les hommes expérimentent tous les nombreux aspects de leur vie qui ne sont pas de l'ordre de la matière, mais de l'esprit. Connaître n'est pas seulement un acte physique, car le connu cache toujours quelque chose qui va au-delà du donné empirique. Chacune de nos connaissances, même la plus simple, est toujours un petit prodige, parce qu'elle ne s'explique jamais complètement par les instruments matériels que nous utilisons. En toute vérité, il y a plus que tout ce à quoi nous nous serions attendus; dans l'amour que nous recevons, il y a toujours quelque chose qui nous surprend. Nous ne devrions jamais cesser de nous étonner devant ces prodiges. En chaque connaissance et en chaque acte d'amour, l'âme de l'homme

fait l'expérience d'un « plus » qui s'apparente beaucoup à un don reçu, à une hauteur à laquelle nous nous sentons élevés. Le développement de l'homme et des peuples se place lui aussi à une hauteur semblable, si nous considérons la *dimension spirituelle* que doit nécessairement comporter ce développement pour qu'il puisse être authentique. Il demande des yeux et un cœur nouveaux, capables de *dépasser la vision matérialiste des événements humains* et d'entrevoir dans le développement un “au-delà” que la technique ne peut offrir. Sur ce chemin, il sera possible de poursuivre ce développement humain intégral dont le critère d'orientation se trouve dans la force active de la charité dans la vérité.

CONCLUSION

78. Sans Dieu, l'homme ne sait où aller et ne parvient même pas à comprendre qui il est. Face aux énormes problèmes du développement des peuples qui nous pousseraient presque au découragement et au défaitisme, la parole du Seigneur Jésus Christ vient à notre aide en nous rendant conscients de ce fait que : « Sans moi, vous ne pouvez rien faire » (*Jn* 15, 5) ; elle nous encourage : « Je suis avec vous tous les jours jusqu'à la fin du monde » (*Mt* 28, 20). Face à l'ampleur du travail à accomplir, la présence de Dieu aux côtés de ceux qui s'unissent en son Nom et travaillent pour la justice nous soutient. Paul VI nous a rappelé dans *Populorum progressio* que l'homme n'est pas à même de gérer à lui seul son progrès, parce qu'il ne peut fonder par lui-même un véritable humanisme. Nous ne serons capables de produire une réflexion nouvelle et de déployer de nouvelles énergies au service d'un véritable humanisme intégral que si nous nous reconnaissons, en tant que personnes et en tant que communautés, appelés à faire partie de la famille de Dieu en tant que fils. La plus grande force qui soit au service du développement, c'est donc un humanisme chrétien[157], qui ravive la charité et se laisse guider par la vérité, en accueillant l'une et l'autre comme des dons permanents de Dieu. L'ouverture à Dieu

157. Cf. n. 42 : *loc. cit.*, 278 ; *DC* 64 (1967) col. 689.

entraîne l'ouverture aux frères et à une vie comprise comme une mission solidaire et joyeuse. Inversement, la fermeture idéologique à l'égard de Dieu et l'athéisme de l'indifférence, qui oublient le Créateur et risquent d'oublier aussi les valeurs humaines, se présentent aujourd'hui parmi les plus grands obstacles au développement. *L'humanisme qui exclut Dieu est un humanisme inhumain.* Seul un humanisme ouvert à l'Absolu peut nous guider dans la promotion et la réalisation de formes de vie sociale et civile – dans le cadre des structures, des institutions, de la culture et de l'*ethos* – en nous préservant du risque de devenir prisonniers des modes du moment. C'est la conscience de l'Amour indestructible de Dieu qui nous soutient dans l'engagement, rude et exaltant, en faveur de la justice, du développement des peuples avec ses succès et ses échecs, dans la poursuite incessante d'un juste ordonnancement des réalités humaines. *L'amour de Dieu nous appelle à sortir de ce qui est limité et non définitif ; il nous donne le courage d'agir et de persévérer dans la recherche du bien de tous*, même s'il ne se réalise pas immédiatement, même si ce que nous-mêmes, les autorités politiques, ainsi que les acteurs économiques réussissons à faire est toujours inférieur à ce à quoi nous aspirons[158]. Dieu nous donne la force de lutter et de souffrir par amour du bien commun, parce qu'Il est notre Tout, notre plus grande espérance.

79. *Le développement a besoin de chrétiens qui ont les mains tendues vers Dieu* dans un geste de prière, conscients du fait que l'amour riche de vérité, *caritas in veritate*, d'où procède l'authentique développement, n'est pas produit par nous, mais nous est donné. C'est pourquoi, même dans les moments les plus difficiles et les situations les

158. Cf. Benoît XVI, Lett. enc. *Spe salvi* (30 novembre 2007), n. 35 : *loc. cit.*, 1013-1014 ; *DC* 105 (2008) pp. 29-30.

plus complexes, nous devons non seulement réagir en conscience, mais aussi et surtout nous référer à son amour. Le développement suppose une attention à la vie spirituelle, une sérieuse considération des expériences de confiance en Dieu, de fraternité spirituelle dans le Christ, de remise de soi à la Providence et à la Miséricorde divine, d'amour et de pardon, de renoncement à soi-même, d'accueil du prochain, de justice et de paix. Tout cela est indispensable pour transformer les « cœurs de pierre » en « cœurs de chair » (*Ez* 36, 26), au point de rendre la vie sur terre « divine » et, par conséquent, plus digne de l'homme. Tout cela vient à la fois de l'homme, parce que l'homme est le sujet de son existence, et de Dieu, parce que Dieu est au principe et à la fin de tout ce qui a de la valeur et qui libère : « Le monde et la vie et la mort, le présent et l'avenir : tout est à vous ! Mais vous êtes au Christ, et le Christ est à Dieu » (1 *Co* 3, 22-23). Le chrétien désire ardemment que toute la famille humaine puisse appeler Dieu « Notre Père ! ». Avec le Fils unique, puissent tous les hommes apprendre à prier le Père et à Lui demander, avec les mots que Jésus lui-même nous a enseignés, de savoir Le sanctifier en vivant selon Sa volonté, et ensuite d'avoir le pain quotidien nécessaire, d'être compréhensifs et généreux à l'égard de leurs débiteurs, de ne pas être mis à l'épreuve à l'excès et d'être délivrés du mal (cf. *Mt* 6, 9-13) !

Au terme de l'*Année Paulinienne*, il me plaît d'exprimer ce vœu avec les paroles mêmes de l'Apôtre dans sa *Lettre aux Romains* : « *Que votre amour soit sans hypocrisie. Fuyez le mal avec horreur, attachez-vous au bien. Soyez unis les uns les autres par l'affection fraternelle, rivalisez de respect les uns pour les autres* » (12, 9-10). Que la Vierge Marie, proclamée par Paul VI *Mère de l'Église* et honorée par le peuple chrétien comme *Miroir de la justice* et *Reine de la paix*, nous protège et nous obtienne, par son intercession céleste, la force, l'espérance et la joie nécessaires pour continuer à nous dévouer généreusement à la réalisation du « *développement de tout l'homme et de tous les hommes*[159] »!

Donné à Rome, près de Saint-Pierre, le 29 juin 2009, fête des saints Apôtres Pierre et Paul, en la cinquième année de mon pontificat.

BENEDICTUS PP. XVI

159. Paul VI, Lett. enc. *Populorum progressio* (26 mars 1967), n. 42: *loc. cit.*, 278; *DC* 64 (1967) col. 689.

RÉACTIONS

« L'enseignement social de l'Église n'est pas une troisième voie »

MGR FRANCESCO FOLLO
(Observateur permanent du Saint-Siège à l'Unesco)

Avant tout, trois prémisses importantes

1. La doctrine sociale de l'Église n'est pas une troisième voie, à mi-chemin entre capitalisme et marxisme. Ce n'est ni une idéologie ni un pur et simple manuel de normes et d'indications morales modérées. En effet, la doctrine sociale de l'Église est essentiellement différente des deux théories « scientifiques » (le libéralisme capitaliste d'Adam Smith et de ses successeurs, et le collectivisme d'État théorisé scientifiquement par Karl Marx), parce qu'elle part de présupposés radicalement différents. C'est une vision fondée non sur le capital ou sur les moyens de production, mais sur la personne humaine et sa dignité.

2. La doctrine sociale de l'Église est articulée dans la mesure où l'Église, dans la plénitude de la Parole révélée par Jésus-Christ, et par l'assistance de l'Esprit Saint, lit les faits selon leur déroulement dans l'histoire. En bref, le développement de cette doctrine est lié à la croissance de la conscience de la dignité de la personne humaine, à défendre et à promouvoir.

3. Non seulement la doctrine sociale de l'Église part de présupposés différents, mais elle a aussi un objectif sinon différent du moins ultérieur. Elle n'entend pas seulement aider à l'accomplissement de la vocation terrestre de l'homme, mais aussi de sa vocation transcendante. Et elle le fait à partir d'une interprétation de la réalité sociale, en en examinant sa conformité ou non avec les lignes de l'enseignement de l'Évangile et de la tradition sur l'homme et sur sa vocation intégrale.

La doctrine sociale catholique accomplit par conséquent le « saut » essentiel de ne pas considérer le travail de l'homme comme une simple « marchandise ». Elle affirme le caractère central de la personne et de son destin ultime, ainsi que le caractère central du « bien commun » et elle manifeste sa grande attention au thème de la solidarité coopérative (bien différente du collectivisme imposé) qui a eu tant de développements au cours de l'histoire.

La propriété privée est acceptée comme un droit de l'individu, ainsi que la redistribution des ressources en faveur des classes sociales les plus faibles. La richesse a, dans cette perspective, une fin sociale, la charité, qui est plus que jamais le cœur vivant du message chrétien. « Si je n'ai pas la charité, je ne suis rien », enseigne saint Paul.

Au-delà de la divergence radicale, les deux théories économiques « scientifiques » ont une racine commune qui permet de considérer le travail humain comme une marchandise, un fait qui porte en lui-même la possibilité d'une déshumanisation. Et puis il importe peu que le travail-marchandise soit traité comme un bien à acquérir, en spéculant dessus, ou à répartir collectivement sur indication de l'État, de façon fatalement coercitive.

La transformation implicite de l'homme en marchandise, et donc en une « chose » ou en consommateur de biens matériels, est un risque toujours présent dans des théories qui ne mettent pas l'homme lui-même et le bien commun au centre, qui situent l'homme en fonction de quelque chose d'autre qui peut être le profit né de la plus-value, ou les intérêts abstraits du prolétaire ou de la productivité.

Le désastre de la finance créative, de l'économie de la dette, démontre qu'on pouvait s'épargner certaines critiques adressées à l'enseignement social de l'Église. En effet, on a écrit que l'enseignement social de l'Église est « antique » si on le compare aux grands perfectionnements de ces dernières années en matière d'instruments financiers. Les événements ont démontré que ces développements de l'art de la finance n'étaient pas si « perfectionnés ».

Les paroles des papes, de Léon XIII à aujourd'hui, sont et seront plus que jamais précieuses dans ce moment d'égarement que le monde traverse après la énième faillite des « destins magnifiques et progressifs ». Si l'on ne met pas Dieu au centre de nos cœurs, on y place Mammon : l'argent, le profit, l'idéologie, la technique.

Et alors, fatalement, la place de l'homme, au lieu d'assumer une position centrale plus grandese réduit de façon terrifiante, du fait de l'élimination de Dieu.

En effet, la vraie foi en Dieu implique toujours le caractère central de l'homme.

« Les mains sont le paysage du cœur », écrivait Jean-Paul II, dans une belle poésie intitulée : « Le tailleur de pierres ». Le travail n'est pas seulement un instrument ni seulement une nécessité pour vivre ou pour survivre, mais il a une dignité intrinsèque, parce « qu'il procède immédiatement de la personne qui imprime dans la nature comme son sceau, et la soumet à sa volonté » (*Gaudium et spes*, 67).

Le travail a une valeur créatrice et sociale, parce qu'il offre à l'individu non seulement la possibilité de se réaliser en tant que personne, et de se perfectionner lui-même, mais le conduit à s'engager avec toute la communauté familiale, sociale et politique.

En indiquant que la charité doit être accomplie dans la vérité, Benoît XVI se réfère à la tradition bénédictine dans laquelle *le travail est la prière des mains*.

En vivant avec ses moines, saint Benoît a pensé la journée monastique de façon à ce que chacun des gestes et leur ensemble soit capable d'unifier ce qui est divisé. Cela est simplement très chrétien, parce que notre foi porte en elle une profondeur, une ampleur et une force telles qu'elle peut tenir compte de tout ce qui est humain.

L'équilibre de la journée monastique est aussi formateur, avec cette succession de gestes (prière privée et chorale, lectio, travail, repos) qui tient compte de la personne, de sa complexité et de son unité : son être en relation, son être intérieur, constitué d'intelligence et de rationalité, de mémoire, de volonté et d'affectivité, son être corporel.

La personne tout entière est impliquée non seulement dans la succession des moments et des gestes qui tout ensemble l'embrassent, mais aussi dans chaque geste particulier, qui contient en lui toutes les dimensions. De cette façon, chaque geste conduit à l'unification de la personne, à l'harmonie qui est beauté et qui éclaire l'homme, image et ressemblance de Dieu.

Cela fait partie de la bonne éducation que de maintenir l'équilibre entre la grandeur des principes et le caractère concret de leur réalisation. Pour prendre un exemple banal : la société peut aussi aller de l'avant si l'on n'éduque plus les jeunes à laisser leur place, dans le métro, aux personnes âgées – ce n'est pas une obligation. Mais ne plus l'exiger du tout, c'est l'exact contraire. Les jeunes ont perdu cette attention pour les personnes âgées, mais ils l'ont perdue aussi envers toute autre personne. Alors, cette prescription qui semblait si odieuse, et même un peu formelle, sévère, n'est pas à négliger.

La conception anthropologique du pape débouche sur une vision sacrée et transcendante du travailleur, dont la finalité, atteinte dans le travail, est celle d'un type humain tendant vers son destin (cf. *Redemptor hominis* 8, 9, 11).

C'est dans le Christ que l'homme se comprend. De cette affirmation découle le fait que :

a) le travail n'est pas seulement coopération, mais union avec le Christ dans l'œuvre de la Rédemption (*Gaudium et spes* 67) ;

b) le Christ et l'Église avec lui veulent aider l'homme, afin que tout ce qui compose la vie corresponde à la vraie dignité de l'homme.

L'Église appelle l'homme, lui indique le caractère dangereux des systèmes économiques et sociaux contemporains, et affirme le primat de la personne sur les choses et de l'esprit sur la matière. Une approche purement économique de la compréhension du travail est décidément « antihumaniste ». Ce n'est pas seulement le travail qui produit l'homme. Mais si nous voulons être fidèles à une analyse exacte de la personne, nous devons affirmer que l'auto-réalisation a pour source la conscience.

L'homme est participation à la royauté du Christ. Cette participation à la royauté comporte deux aspects :

1) la tendance vers la liberté royale à travers la souveraineté sur le péché ;

2) le service du Christ dans le prochain, et ce service est compris par *Gaudium et spes* comme un travail pour conduire au Christ par l'humilité et la patience.

La royauté du travail, la souveraineté sur le péché et le service des frères doivent être complémentaires.

De cette façon, le travail humain reflète la signification qui jaillit de la mission royale du Christ de transformer le monde c'est-à-dire d'élever les choses au niveau de l'homme.

Pour enrichir la foi est également importante l'attitude de responsabilité chrétienne qui s'exprime par la conscience du devoir et qui jaillit d'une conscience juste. La responsabilité est étroitement liée à la dignité de la personne parce qu'elle exprime une certaine auto-décision, dans laquelle l'homme fait bon usage de sa liberté, en prenant toujours en considération les vraies valeurs et les raisons justes.

Dimension éthique

L'éthique doit l'emporter sur la technique. Il est une responsabilité (a) dans la famille, (b) dans la culture, (c) dans les rapports économiques et sociaux, où il ne faut jamais oublier le primat de l'éthique sur l'économie ou la politique.

Le pape rappelle que la fonction de la conscience consiste dans la description du *vrai bien* dans l'action : « la charité dans la vérité est une force qui constitue la communauté, unifie les hommes » (*Caritas in Veritate*, n. 34).

Humanisme et sagesse

Cardinal Georges Cottier o.p.
(Cité du Vatican)

L'encyclique *Caritas in veritate*, longtemps attendue, propose une relecture de la grande encyclique de Paul VI *Populorum progressio* (1967) comparée pour son importance à *Rerum novarum* de Léon XIII (n.8). Cette relecture est faite dans la lumière de *Deus caritas est*; elle met en évidence les changements et évolutions, survenus en quarante ans, sans taire les lenteurs et les freins.

La conscience de la crise que nous traversons est très présente, mais sans que fléchisse la vigueur de l'espérance.

Deux idées-maîtresses me semblent orienter ce texte dans lequel sont abordées une série de questions plus particulières. La première a été énoncée par Paul VI: *tout l'homme et tous les hommes.* Elle est largement explicitée. La seconde est que *la solution* de la crise ne peut être fournie par des techniques financières ou économiques, même si une régulation est nécessaire à leur niveau, mais qu'elle est *de nature culturelle*. Paul VI avait exprimé cette exigence quand, reprenant une formule de Maritain, il avait appelé de ses vœux un *humanisme intégral*, un humanisme chrétien, qui a ses racines dans le mystère de Dieu, Amour et Vérité.

En effet, la mondialisation est un processus qui crée des interdépendances mais qui par soi génère ainsi inégalités et pauvretés. Il doit donc être éthiquement orienté dans le sens de la solidarité. Celle-ci sera assez forte pour vaincre les résistances si elle est alimentée par la charité, qui a sa source en Dieu, si elle est portée par un authentique amour du prochain et le sens chrétien de la fraternité de tous les hommes.

Mais aimer autrui signifie vouloir son vrai bien, ce qui suppose que soit connue la *vérité de l'homme*. Chaque individu humain est une *personne* voulue pour elle-même. La société humaine est une société de personnes et son *bien commun* doit se reverser sur les personnes. La Révélation nous apprend que nous sommes créés à l'image de Dieu. Mais la raison est déjà capable de lire en elle-même les grandes orientations de la loi naturelle. L'orientation est, selon la formule chère à Mounier, *personnaliste et communautaire* (n. 42).

***

Ainsi le développement des peuples est lié à celui des personnes. « Par nature, la personne humaine est en tension dynamique vers son développement », lequel est autre chose qu'une évolution ou une croissance quantitative et ne saurait être assuré par des mécanismes naturels. Il dépend en définitive de choix libres et responsables. Mais liberté humaine ne signifie pas décision toute-puissante et arbitraire.

L'encyclique a cette très belle formule: « nous savons tous que nous sommes donnés à nous-mêmes » (58). Auparavant, nous lisons : « L'amour dans la vérité place l'homme devant l'étonnante expérience du don. La gratuité est présente dans sa vie sous de multiples formes [...] » (54). Ce thème est décisif. Il éclaire notre vocation qui est vocation à la fraternité. La gratuité de l'amour est première, elle porte les exigences de la justice.

Il était essentiel que cela soit dit. Car nous avons là la lumière qui permet d'opérer un choix aujourd'hui nécessaire. Si nous assistons à l'usure et au déclin des idéologies qui ont dominé le siècle précédent, une nouvelle idéologie semble prendre leur relais : la tentation technocratique qui contient le rêve prométhéen d'un homme créateur de soi. En réponse à cette tentation, l'encyclique propose de sages réflexions sur la technique qui s'inscrit dans la mission confiée à l'humanité de cultiver et de garder la terre (69).

Un mot résume l'impression que j'ai reçue de la lecture de ce beau texte : *sagesse.*

INDEX

Index thématique

Index des noms propres*

---

*. Les occurrences qui apparaissent dans le corps du texte sont en gras. Celles qui correspondent aux notes sont en caractères maigres.

Index biblique

Table

Introduction

Présentations

LETTRE ENCYCLIQUE
CARITAS IN VERITATE

RÉACTIONS

Index

Publications du Collège des Bernardins

dirigées par Mgr Jérôme Beau

Aux Éditions Parole et Silence

Les Cahiers

Dans la droite ligne des écoles cathédrales du Moyen Âge, cette collection veut être à la fois un lieu de formation enraciné dans l'Église et un facteur d'actualisation de l'enseignement chrétien.

Elle s'adresse à tous ceux qui souhaitent connaître et approfondir la doctrine chrétienne, quel que soit leur niveau culturel ou leur engagement ecclésial.

M.-N. Boiteau, *Découvrir l'Esprit Saint qui donne la vie.*

G. de Menthière, *La Confirmation, Sacrement du Don.*

Collectif, *Le crime contre l'humanité, mesure de la responsabilité ?*

Edith Stein, *Le secret de la Croix.*

Collectif, *Foi et raison*, lectures de l'Encyclique.

J.-P. Batut, *Dieu le Père tout-puissant.*

Ph. Barbarin, *Théologie et sainteté, introduction à Hans Urs von Balthasar.*

H. Vallet, *La joie du pardon, Célébrer le sacrement de Réconciliation.*

M. Blondel, *"Mémoire" à Monsieur Bieil, une vocation pour la philosophie.*

É. Morin, *Saint Paul, serviteur de notre joie.*

J. Paoletti, *L'homme entre science et foi.*

Collectif, Jésus, *Le Cahier du Jubilé de l'an 2000.*

M.-N. Boiteau, *Je suis avec vous tous les jours.*
H. U. von Balthasar, *Qui est l'Église ?*
H. de Villefranche, *Lire l'Apocalypse de saint Jean.*
Mgr O. de Berranger, *La paix sera le dernier mot de l'histoire.*
Mgr D. Pézeril, *Sortez de votre sommeil.*
M. Buber, *La relation, âme de l'éducation ?*, présentation de Guy Coq.
Th. Kowalski, *Les témoins de la Résurrection de Jésus. Du Tombeau vide à l'Ascension – Les apparitions de reconnaissance.*
A. Mattheeuws, s.j., *Conduits par l'Esprit Saint. L'accompagnement spirituel.*
M. Barbeau, *Le vêtement et l'intériorité.*
J. Ratzinger, *La Fille de Sion.*
Y. Legrand, *Découvrir l'amour. L'accompagnement des catéchumènes.*
M. Brière, *L'image de Dieu. Petite méditation avec le bienheureux Fra Angelico.*
V. Aucante, *Que faire de sa vie ? Le discernement selon Edith Stein.*
Th. Kowalski, *Les oracles du Serviteur Souffrant.*
M.-N. Boiteau, *Jean-Paul II médite sur les mystères lumineux.*
F. Louzeau, *Et moi je vous dis… Lectures paroissiales de l'évangile selon saint Matthieu.*
O. de Cagny, *Les prières eucharistiques.*
M. Beaup, *Frédéric Ozanam, la sainteté d'un laïc.*
P. d'Ornellas, *Au bonheur des béatitudes.*
J. Molard, *Simone Weil. En quête de vérité.*
E. de Mesmay, *Sur les pas de saint Paul en Turquie.*
A. Mattheeuws, *L'accompagnement de la vie dans ses derniers moments.*
R. Escudier, *Charles de Foucauld, frère pour tout homme.*
J.-M. Laurier, *Chemins vers l'eau vive. Introduction à sainte Thérèse d'Avila.*
Th. de L'Épine, *Dieu a planté sa tente.*
Institut Catholique – Centre Sèvres – École Cathédrale,

Pour une conscience vive et libre. Dignitatis humanae, une déclaration prophétique de Vatican II.
P. d'Ornellas, *Jean-Paul II : « La miséricorde dessine l'image de mon pontificat. »*
J.-P. Fabre, *Comment Jésus pétrit Pierre.*
O. Teilhard de Chardin, *La joie de la catéchèse.*
A. d'Augustin, *L'oraison, une école de l'amour.*
P. Faure, *Des chemins s'ouvrent dans leurs cœurs.*
J. Paliard, *Chemin de croix.*
Mgr J. Beau (éd.), *Thérèse de Lisieux docteur de la vérité.*
Th. Knecht, *Mgr von Galen.*
C. Pellistrandi, *Femmes de l'Évangile.*
S. Binggeli (éd.), *Marie, Mère du Rédempteur.*
F. de Chaignon, *Le mystère de l'Ascension.*
J. Molard, *Les valeurs chez Simone Weil.*
A.-M. Ponnou-Delaffon, *Dieu Trinité dans la tradition ancienne.*
Benoît XVI, *Chercher Dieu. Discours au monde de la culture* (hors-série).
F. Delmas-Goyon, *Saint François. Le frère de toute créature.*
G. Dahan, *Interpréter la Bible au Moyen Âge.*
M. Beaup, *Le Paradis de Dante.*

Essais
P. d'Ornellas, *Liberté, que dis-tu de toi-même ? Vatican II 1959-1965.*
A. Guggenheim, *Jésus Christ, grand prêtre de l'ancienne et de la nouvelle Alliance : étude théologique et herméneutique du commentaire de saint Thomas d'Aquin sur l'Épître aux Hébreux.* Prix René Laurentin "Pro Christo" de l'Académie des Sciences morales et politiques, 2004.
B. de Malherbe, *Le respect de la vie humaine dans une éthique de communion.*
A.-M. Ponnou-Delaffon, *Le chiffre trinitaire de la vérité chez Hans Urs von Balthasar.*

M. Villemot, *Re-commencer en phénoménologie.*
A. Guggenheim, *Liberté et vérité, Une lecture de Personne et Acte de Karol Wojtyla.*
G. Siewerth, *Métaphysique de l'enfance. Traduction et présentation de Thierry Avalle.*
Mgr J.-L. Bruguès, o. p., *Précis de Théologie morale générale, Tome 2 : Anthropologie morale (volumes I et II).*
Cardinal J.-M. Lustiger, *La Promesse. Mes yeux devancent la fin de la nuit pour méditer sur ta Promesse (Ps 119, 148).*
M. Sales, s.j., *L'être humain et la connaissance naturelle qu'il a de Dieu, Essai sur la pensée du P. Henri de Lubac.*
C. Thoma, *Théologie chrétienne du judaïsme. Pour une histoire réconciliée des Juifs et des Chrétiens.*
A. Vidalin, *La parole de la vie. La phénoménologie de Michel Henry et l'intelligence chrétienne des Écritures.*
A.-M. Ponnou-Delaffon, *La théologie de Balthasar.*
P. Lenhardt, *À l'écoute d'Israël, en Église* (2 tomes).
G. Donnadieu, *Les religions au risque des sciences humaines.*
J. Alexandre, *Je crois à la résurrection de la chair.*
A. Guggenheim, *Les preuves de l'existence de Dieu.*
P. Sicard, *Théologies victorines.*
B. Dupuy, *Quarante ans d'études sur Israël.*
T. Avalle, *L'enfant, maître de simplicité.*
V. Guibert, *À l'ombre de l'Esprit.*

Cours – Colloques – Conférences
L'art moderne, entre emprise et déprise de Dieu.
Penser le Christ aujourd'hui.
Le temps de l'écoute.
Le catholicisme des Pères.

A. Mattheeuws, *Et les deux deviendront une seule chair.*
Conférences 2007-2008 de la Faculté Notre-Dame.
B. de Malherbe, *Corps et raison et foi : l'actualité d'*Humanae vitae.

Culture et patrimoine cisterciens.
A. Guggenheim, *Anthropologies du monde et pensée chrétienne.*

Hors collections

Edith Stein, La quête de la vérité.
Bibles en français. Traduction et tradition.
La lettre de l'esprit. Mélanges offerts à Michel Sales.
Jean-Paul II, *Au début du nouveau millénaire.*
Benoît XVI, *Dieu est amour. Encyclique sur l'amour chrétien. Présentation d'Antoine Guggenheim. Annotations de l'École Cathédrale.*
F. de Lauzon, *Chemins vers le silence intérieur avec Élisabeth de la Trinité.*
C. Pellistrandi, H. de Villefranche, J.-M. Lustiger, *Contempler l'Apocalypse.*
I. Aumont, *La « purification de la mémoire » selon Jean-Paul II.*

Achevé d'imprimer par SAGIM en juillet 2009
sur rotative Variquik
à Courtry (77181)

Composition et mise en pages réalisées par
Sud Compo - 66140 - Canet en Roussillon
505/2009

Imprimé en France

Dépôt légal : juillet 2009
N° d'impression : 11490

L'imprimerie Sagim est titulaire de la marque
Imprim'vert® depuis 2004

Pour être informé des publications
des Éditions Parole et Silence et recevoir notre catalogue,
envoyez vos coordonnées à :

Éditions Parole et Silence
47, rue de Charenton
F - 75592 Paris cedex 12

ou

Le Muveran
CH - 1880 Les Plans sur Bex

paroleetsilence@omedia.ch

-------------✂---

Nom : ....
Prénom : ....
Adresse : ....
....
Code postal : ....
Ville : ....
E-mail : ....
Téléphone : ....
Fax : ....

Je souhaite être informé(e) des publications
des Éditions Parole et Silence.